新闻传播研究书系

公共传播新论

New Perspectives on Public Communication

邓理峰 著

PUBLIC

西安交通大学出版社
XI'AN JIAOTONG UNIVERSITY PRESS

图书在版编目(CIP)数据

公共传播新论 / 邓理峰著. --西安:西安交通大
学出版社，2023.10
ISBN 978 - 7 - 5693 - 3528 - 6

Ⅰ.①公… Ⅱ.①邓… Ⅲ.①传播媒介－研究 Ⅳ.
①G206.2

中国国家版本馆 CIP 数据核字(2023)第 216368 号

书　　名	公共传播新论	
	GONGGONG CHUANBO XINLUN	
著　　者	邓理峰	
责任编辑	赵怀瀛	
责任校对	柳　晨	
封面设计	任加盟	

出版发行	西安交通大学出版社
	(西安市兴庆南路 1 号　邮政编码 710048)
网　　址	http://www.xjtupress.com
电　　话	(029)82668357　82667874(市场营销中心)
	(029)82668315(总编办)
传　　真	(029)82668280
印　　刷	西安日报社印务中心

开　　本	720 mm×1000 mm　1/16　　印张 13　　字数 201 千字
版次印次	2023 年 10 月第 1 版　　2023 年 10 月第 1 次印刷
书　　号	ISBN 978 - 7 - 5693 - 3528 - 6
定　　价	69.80 元

如发现印装质量问题，请与本社市场营销中心联系。
订购热线:(029)82665248　(029)82667874
投稿热线:(029)82668133
读者信箱:326456868@qq.com

新时代公共传播的学术旨趣与韧性社会

邓理峰

2016 年 5 月 17 日,习近平总书记在哲学社会科学工作座谈会中提出,"要加快完善对哲学社会科学具有支撑作用的学科,如哲学、历史学、经济学、政治学、法学、社会学、民族学、新闻学、人口学、宗教学、心理学等,打造具有中国特色和普遍意义的学科体系"。新闻传播学是与实践关联非常紧密的社会科学,尤其需要关联当下中国的重大现实问题,并与社会科学中其他各个学科门类形成积极和良性的互动,从而使新闻传播学也成为社会科学转型和重塑的重要成员。从风险沟通与治理的角度来看,我们提出最需要,也最值得回应的当下中国重大现实问题之一,是新时代公共传播如何助力社会韧性和韧性社会的建设。

21 世纪初的 20 年,2011 年日本福岛核事故和 2020 年新冠疫情这两起波及全球的人间灾难相继发生。福岛核事故之后,福岛核电站除役过程预计将长达 50 年以上。新冠疫情暴发后,人们从来不曾料想过一场突如其来的全球性疫情,能够令社会陷于瘫痪停顿,顿失滔滔。新冠病毒被认为彻底改变了全球社会的交往模式、工作模式,甚至人类对于生命意义的理解。

福岛核事故和新冠疫情所引发的社会问题,均涉及风险社会的风险沟通、灾后重建、社会复苏等韧性社会建设的方面。在经历了福岛核事故和新冠疫情这类风险事件后,我们重新来思考传播与社会的关系,认为最为值得关注的问题之一是公共传播如何助力于建设韧性社会。这个问题关注的是人们遭遇灾难创伤之后,在运用物质和物品资源的同时,如何运用媒体和话语资源来重新恢复生产生活的常态。具体而言,在面临重大公共危机的情境里,社会的公共传播系统将迅即成为处置风险和危机过程中最为关键和最需要仰仗的基础设施。如果公共传播系统能够经受得住考验,保持透明开放、敏捷准确且响应迅速,让处在高度不确定性情境中的民众快速地获取可信赖的信息,从而强化社会互信、协调协作和提升应急能力,这将极大地帮助公众从灾难创伤中恢复元气,回归生产和生活的常态。

正是在这样的历史语境里,我们尝试重新反思新时代公共传播的学术旨趣,以及公共传播如何有助于建设韧性社会的问题。

一、"新时代"的三重含义

第一,新文科建设的契机。传播学作为一门缘起于欧美的社会科学,如何在现有的概念和理论框架中,安放和解释发生在中国历史文化传统和社会政治结构中的中国经验和中国问题。新文科建设为我们重新思考公共传播实践、学术及其教育使命提供了契机。比如,在建设新文科的背景下,我们需要反思传播学学科身份的中国再造。传播学和经济学、管理学、法学等社会科学类似,是源自欧美的学科门类。无论是理论概念、研究范式,还是知识谱系,都深受欧美的影响。而这样的学科身份背景,被认为在中国特色的锻造方面将面临更重的任务[①]。

新文科建设也再次激活了一个经典话题,即如何平衡学术知识生产中实然与应然之间的关系。传播学是一门实践的社会科学,其知识生产必然会,也必然要与当下中国社会的重大现实问题紧密关联。真正的挑战恐怕不是学术与现实之间是否要建立联系,而是如何建立联系、建立何种联系。学术研究作为一种知识生产的实践,自然有事实超越于价值的独立性。如果完全放弃这种独立性,那么知识服务于现实的功用,恐怕也将无法达成。但是,作为一门社会科学,正如杜威曾经警示的,事实与价值二分是一种"有害的二元论(Pernicious Dualism)"。毕竟对事实做出科学精准的描述和解释,并不足以告诉我们在规范和价值意义上应该如何行动[②]。

第二,社会-技术双重转型的新社会语境。传媒是一种新闻与信息的技

---

① 王学典.何谓"新文科"?[N].中华读书报,2020-06-03(5).

② PORTER T M,ROSS D. The Cambridge History of Science,Volume 7:The Modern Social Sciences [M]. Cambridge University Press,2003:53.

术载体，始终随技术革新而不断演进。社会-技术双重转型（Socio-technical Transitions）是指技术革新如何改变和重塑了社会运行的方式。具体而言，是指科学技术变革，往往伴随着政治、经济和社会变革，两者交叠互嵌、相辅相成①。社会-技术双重转型意味着技术和社会是高度互嵌和互动的领域，影响着每一个行动者的行动及其所处的技术环境、政策制度和文化规范。公共传播无疑是当下正深刻地受到社会-技术双重转型影响的社会实践。互联网等信息与通信技术的变革，不仅影响了法律法规等正式制度，影响了普通人日常行动的思想观念等非正式规范和制度（如微信等社交媒体重塑社会交往规则等），也影响了社会的权力关系（如社交媒体技术赋权普通人）。所有这些技术革新和社会变革，都影响和塑造着公共传播日常的具体决策。比如，在当下社会媒体环境里，几乎所有类型的政府和企业都更高频次地遭遇谣言的干扰，面临着更为频发的声誉风险，甚至危机。

第三，新全球化时代。尽管加速的全球化被认为是 20 世纪交通、通信等科技革命推动之下的社会进程，但是科技革命并不是出现全球化的单一原因，社会文化与制度因素也是全球化得以铺开的关键动力②。19 世纪确立的国家理论和二战后确立的世界秩序，以及与之相伴生且由欧美国家主导的现代化意识形态，到了 21 世纪初，都日益难以用来理解和解释全球治理及国际关系中的冲突与合作。比如 20 世纪 90 年代曾盛极一时的历史终结论，以及国家将在全球化浪潮中渐趋式微的论述已经广被诟病，且与当下现实截然相反。国家仍旧是，而且仍将会是保障共同体安全和公民权利的主要主体。鉴于此，我们需要在人类文明演进的全球历史视野当中，来审视在新全球化时代公共传播实践如何有助于构建更为平等、公正与和谐的全球秩序。

我国国际新闻传播工作的战略性任务是要服务于重建世界秩序和变革全球化进程。国际新闻传播工作迫切需要重新厘清调整其战略使命的定位。这尤其表现为需要超越传统国际传播聚焦在以传媒为中心的内容生产等微观视野。在新时代，除传媒之外，也囊括商贸投资、国际司法、体育演

---

① ULLI-BEER S. Conceptual Grounds of Socio-Technical Transitions and Governance[M]//ULLI-BEER S. Dynamic Governance of Energy Technology Change: Socio-Technical Transitions Towards Sustainability. Springer, 2013:23.

② STEGER M B. Globalization: A Very Short Introduction[M]. Oxford University Press, 2017:19.

艺、影视娱乐等各个领域、各种类型国际传播活动带来的社会和政治影响，比如国际传播如何构建或赢得社会认同、合法性/正当性、信任感、社会能见度、文化主导权等。

二、公共传播的学科身份

和社会学、政治学、管理学等学科类似，传播学是一门社会科学。传播是人们在不同情境里使用符号或行动来生产事实和交流意义的社会活动。传播学是一门从人文、社会、技术等不同角度，分析传播的形态、方式、渠道及影响的学问。公共传播是传播学的一个分支，关注政府、企业、群团等各类行动者在公共领域里发生的沟通与交往活动。有学者提出，公共传播即多元主体在公共空间针对公共议题、公共利害展开的社会交往和多元对话。公共传播为增进社会认同、改善国家治理提供了全新的可能性，但也导致了自由与秩序之间的价值两难。鉴于此，为了避免自由放任的失序风险和过度秩序化的强制管控，具体表现为公共对话商议和意见竞争的公共传播及其成果，需要获得正当合理的向上通道，进入到政策过程，进而转化为政策和立法①。

公共传播是一种社会实践。许多实践理论家都认为，内在于实践中的各种活动模式和理解模式对于人类生活而言至关重要，而且也塑造了人类生活。实践理论家一般都认为在实践的生成过程中，物质及物质性与沟通及文本/符号是同等重要的，并反对二元论，比如思想与身体、结构与能动、认知与行动等的二分。此外，实践理论家认识到知识不仅仅是重要的，而且知识在实践中得以具身体现，并经由实践得以被激活。因而，在实践理论层面，我们所知道的多过我们能表达的，而我们实际所做的也多过我们所知道的②。

公共性是公共传播作为一种社会实践的根本属性。公共舆论因为公共传播而得以生成、散播和产生影响，所以公共传播具有公开、开放、共享等公共属性。具体而言，公共传播的公共性指向的是在公共领域里，遵从公共理性，表达公共价值，参与公共服务，增进公共福祉。

---

① 胡百精.公共协商与偏好转换：作为国家和社会治理实验的公共传播[J].新闻与传播研究，2020(4)：21-38.

② SCHATZKI T R,CETINA K K,SAVIGNY E V. The Practice Turn in Contemporary Theory[M]. London and New York：Routledge，2012：12.

人被认为是同时生活在自然物质世界和符号话语世界的"两栖动物"。17世纪的英国作家托马斯·布朗爵士（Sir Thomas Browne）曾有一句名言：人是真正伟大的两栖生物，既生活在自然物质世界，也生活于由感知、信念、意图等主观意义所构成的精神世界。传播学者思考的是人类社会的符号话语世界及其与自然物质世界的交互关系。我们都生活在一个自然物质世界中，并从这个自然物质世界中汲取营养，从而能够生存和繁衍。除了自然物质世界，我们还有一个不太容易看得见、摸得着的世界，这就是符号和话语世界。如同我们会从自然物质世界中获取营养，比如水、空气、食物等一样，我们也会从符号和话语世界里，获得生活的意义和行动的方向，让我们的所思所想不至于空洞虚无，让我们的所作所为，都在社会广为接受的规范和规则之中。从符号和话语世界里，我们获得生活的秩序感、控制感和安全感，获得情感能量和精神力量。这些东西和自然物质世界中的水、空气一样，对于我们存活和繁荣于这个世界，都是缺一不可的。

第一，公共传播是一门人文学科与社会科学交融的交叉性社会科学。人文价值是新闻传播学的基础和底色。我们在大力推动传播学之科学化和学科化的同时，迫切需要厘清其与社会问题、人文价值和科学理性三者的关系，重新将人文价值确立为公共传播教育的基石。若没有人文价值的引领，传播学知识对于解决社会问题仍旧可能有效率和有效用，却可能会是没有灵魂、意义和方向感的，甚至是危险的。人文学科关注人心、价值和差异，侧重在文化差异的理解（Understanding），而非因果关系的解释（Explanation）[1]。

与人文学科不同，传播学总体上而言是一门更侧重问题导向的社会科学。作为社会科学的传播学，需要关注和回应当下社会的重大现实问题。无论是科学的、阐释的理论范式，还是批判的理论范式，传播学里绝大部分研究都需要建立在经验材料和现实数据的基础之上，因而传播学既需要马克思主义新闻观等社会理论的指导，同时也是一门兼容人文学科价值规范和社会科学实证方法的学科。

---

[1] WRIGHT G H. Explanation and Understanding[M]. London：Routledge，1971：3.

第二,现代社会的深度媒介化正在塑造公共传播实践的方方面面。以日常话语来通俗地说,出门没带手机,绝大多数人会感到六神无主。这并非是一种与生俱来的媒介依赖焦虑感。那么,这种焦虑感是缘何而来的?我们提出,日常生活中的高度媒介依赖,其根源是现代社会的深度媒介化转型。深度媒介化(Deep Mediatization)是指社会及公共生活与媒介和技术深度融合、交织互嵌的状态和过程,媒介因此成为几乎所有社会过程,包括公共外交实践的塑造力量①。

如今我们的私人生活和公共生活都高度依赖媒介,媒介化的概念为我们指出了从媒介化作为一种总体社会过程之影响力的路径来理解传媒的社会影响。不同于传统传播效果理论关注特定媒体或媒体内容如何塑造人的心思意念,深度媒介化是理解媒介社会影响的全新路径。媒介化描述的是一种社会转型过程,具体而言是指媒介作为一种信息的技术载体,如何变革了社会和文化环境,从而改变了社会行动的前提条件。媒介已不仅仅被用于信息的传递(这是绝大多数人的理解),更生成和塑造了人和组织的身份、关系和行动。无论媒介是作为一种技术形态、社会空间,还是社会制度,均影响和塑造了各类行动者社会行动的机会和可能性。

第三,分化的社会需要更多专业和非专业公共传播专才来增进不同群体之间的了解、理解和共识培育。互联网被认为是高效的沟通工具,但是互联网普及至今,国内社会或国际政治中的群体差异、分化,甚至分裂和冲突,并没有因此减少,而是变得更多了,更重了。未来的社会需要更多受过良好教育和训练的传播学专业人才,充实到社会的神经和血液系统当中,增进社会理解和共识,也因此增进社会正义与和谐。

媒介在现代社会里的功能,类似于人身体里的神经和血液系统。人的神经系统的核心功能是传递信息,而血液系统的核心功能是维系生命和再生产。而现代社会的传播生态系统和网络,如同神经系统的信号传递,劝服和影响人的心思意念,同时也如同血液系统的维系和再生产作用,实现社会作为一个整体的文化传承、维系和再生产。正因为如此,公共传播部门往往都是一个组织中的重要部门。比如各级党委里的宣传部部长,从来都是领

---

① COULDRY N,HEPP A. The Mediated Construction of Reality[M]. Polity Press,2017:205.

导班子成员,而企事业单位里的宣传和公共沟通人员,也大抵是副总经理等高管人员。

如何超越命令和强制,赢得公众的志愿遵从和有效执行?这里面最大挑战恐怕是如何提升公众对于公共部门及其政策的信任水平。因为基于信任而非强制的遵从,才会达到决策者所期望的目标,即在绝大多数时候和绝大多数公众中政令能够获得持久有效的效率和效力。鉴于此,权力实践不仅仅是罗伯特·达尔所说,是甲让乙去做乙原本可能不会去做的事情,更有斯蒂文·卢克斯所说的权力第三面向,即影响和塑造人们的意愿和偏好,从而影响人们的政策立场和偏好。正是在权力实践的第三面向中,传媒和传播的角色更为凸显。

三、公共传播的学术旨趣

公共传播作为一种新闻与信息的产制散发和沟通交往的日常活动,始终是在历史文化传统和社会政治结构等共同赋能或约束之下完成的。公共传播活动是高度情境化的社会实践。鉴于此,公共传播的学术旨趣,必定是需要贯通对理论与实践、特殊与一般、微观与宏观等二元边界的因果关系、因果过程和因果机制的探究,以及对于沟通交往活动如何与其他社会实践交叠互嵌的理解解释和批判反思。在新时代,公共传播实践的总体方向被认为是要转向公共协商,是要"构建始于公共传播、导向法治和公共政策优化、增益公共性的多元共识机制,并将之纳入国家治理体系,助推国家现代化和中华民族的伟大复兴"①。廖为建教授也曾有近似的分析。他以香港特别行政区行政运作中的民主咨询系统为考察对象,提出香港作为国际自由贸易港的成功经验,不仅仅是在经济和金融方面的成功,而且也是香港政治和行政运作中公共协商和民主咨询系统的成功,为香港成为富有活力的现代化大都会,提供了重要的制度与文化保障②。

2016年2月19日,习近平总书记在党的新闻舆论工作座谈会上提出,"党的新闻舆论工作是党的一项重要工作,是治国理政、定国安邦的大事,要适应国内外形势发展,从党的工作全局出发把握定位,坚持党的领导,坚持

---

① 胡百精,杨奕.社会转型中的公共传播、媒体角色与多元共识:美国进步主义运动的经验与启示[J].中国行政管理,2019(2):128-134.

② 廖为建.香港行政运作中的民主咨询系统[J].开放时代,1994(2):57-60.

正确政治方向，坚持以人民为中心的工作导向，尊重新闻传播规律，创新方法手段，切实提高党的新闻舆论传播力、引导力、影响力、公信力"。

如果说新闻舆论工作是"治国理政、定国安邦的大事"，那么在性质上新闻舆论工作究竟是一种怎样的工作？我们提出一个非常简单的回答：新闻舆论工作是告知人、说服人和凝聚人的工作。而要更为系统深入地理解新闻舆论工作如何告知、说服和凝聚人，就涉及对于传播学学术旨趣的讨论。

习武之人，拳脚功夫了得；歌唱家，往往有美妙的歌喉；芭蕾舞演员，能够用脚尖立地且身轻如燕；话剧演员，可以因身份角色和情境不同而随时变身，展示出所扮演的角色独特的精神气质。这些都是各行各业的核心能力。那么，公共传播专才应该磨砺什么样的核心能力？我们提出，这种核心能力是运用语言文字、图像视频等象征符号来表现和再现事实，表达和交流意义，用有形的符号来呈现无形的观念、信念和价值，从而促进社会协调、协作和合作的能力。公共传播的学术旨趣在于通过洞悉和辨识沟通和交往的因果规律，从而优化和改进各类行动者之间的社会协调、协作和合作。

第一，传播学关注人是如何运用各种象征的符号（如语言、文字、图像、视频、图画等）来呈现再现事实，表达交流意义。人对于外部世界的认识和理解，不可避免地会受到象征符号的影响和塑造。绝大多数来自耳听、目视以及其他感官所获取的原始且零散的感官信息，都被人组织成为一个由符号承载的有意义整体。意义是事物的一种严肃、重要或有用的品质或目的。我们对于世界的认识和理解，并不是我们感官感知的直接产物，而是经由符号的中介和调制的产物①。而符号是交流的工具，这一工具在被生产和使用中不可避免地植入了生产主体——人的意图目的、文化语境和隐含意义。

因此，符号作为交流的工具，其实并不是中性和中立的，而是会参与到信息的生产和传递过程当中，影响和塑造事实及其意义，进而塑造人的认知和认

---

① DANESI M. Messages, Signs, and Meanings: A Basic Textbook in Semiotics and Communication Theory[M]. 3rd Edition. Toronto: Canadian Scholar's Press, 2004: 17.

识。语言学里著名的萨丕尔-沃尔夫假说(The Sapir-Whorf Hypothesis),说的就是一个人所使用语言的语法结构和词语结构,会在很大程度上影响该语言使用者对于世界的感知和认识。这一假说强调的是语言对于人思维的影响或决定性作用。

在传播与事实及现实的关系上,传播不仅仅是反映和再现了事实,而且还生成和生产了社会现实,并进而生成人的身份,建立和维系社会关系。事实与现实是不同的。事实(Fact)是对于发生的各类事件或存在的境况做出的陈述。事实是可以被观察、测量、证实的,且是确凿(无可争议)的。比如,昼夜交替乃是事实。这是地球围绕太阳自转的结果,会重复发生,因而是可以被证实和观察的。而现实(Reality)是人在事实的基础上加工的产物。社会现实(Social Reality)是事实存在于公众当中的一种集体意见(个体意见的集合)。现实可能是客观的、实证的,也可能是主观的、建构的。对于客观事实,我们往往是带着自己的信念、态度和价值来审视的。比如时间的事实是由往至今,循着单一方向行进且永不回头的运动状态。而时间的现实是什么呢?有人认为时间是线性的(如年份的递增),也有人认为时间是循环的(如二十四节气轮回),还有人认为时间是分段的(如朝代的更迭、类似物理形状的重复)。因此,我们可以基于时间这个事实,来认识时间的三种不同现实。

第二,传播学关注人如何用有形的符号来呈现无形的观念、信念和价值。比如传统文化里经常会讲到人心不可知。唐代诗人杜荀鹤的诗作《感寓》里有一句非常有意思的话,描述了人心不可知,也就是人心或者人的心思、观念和想法,不容易探究,不容易显现。这句话叫"海枯终见底,人死不知心"。当然,这句话听起来有点消极,但非常形象生动地表达了人心难以被认识的状况。这句话里讲海枯犹且可以见底,人心却至死也难以显现,实际上是用一种有形的符号,来反衬人心难以被认识。

此外,还有一些类似的话,比如"常人之心如瓢在水,至人之心如珠在渊"。这句话说至人,即圣人的心经常是相对平静和稳定的,不容易为外界各种因素所干扰,而普通人很容易被外边一点点风吹草动影响。所以,这句话说"至人之心如珠在渊",即就像珍珠在水底,它是不会轻易地随水的波动而波动。而凡人、普通人之心就像水瓢漂在水面上一样,水面有一点点波动,水瓢也会跟着不稳定。总之,传播学非常关心怎么样用有形的符号来呈现无形的观念、信念和价值。

第三,传播学关注如何通过沟通传播及媒体来生成、促进和维系社会关系、社会协作和合作。无论是业界,还是学界,目前对于传播的普遍理解是认为传播就是信息的传递和传输,传播是实现特定目标和目的的工具或手段。我们需要澄清说明的是,传播工具论对于传播的理解是不完整的。传播不仅仅传递扩散了信息,而且传播也生产和构建了人的身份和组织的身份,以及人与人、组织与组织之间的关系,实现了人与人之间的了解、理解,培育共识,并基于此推动人与人或者组织与组织之间的协调、协作和合作。

传播工具论者所理解的媒体和传播,是借助媒体而实现信息和意义的传输。传播工具论者的研究旨趣偏重在信息内容的生产、传播及其短期效果方面,而较为忽略信息传播所带来的更为长期的社会影响,比如社会关系后果①。对于传播的这种理解,窄化了对媒体和传播在现代社会里原本一直所担当角色的理解。正如卢曼所指出的,把"传播"视作为信息从传者到受者的传输或传递过程,是一个充满误导的比喻,因为它暗含了误解传播过程的本体论②。传输论假定传者首先释放或发出了某种东西,然后受者接收到了它。但这个假定本身就是对传播过程的误解,因为在传播过程中,传者并未在失去的意义上放弃任何东西。

传播生成和构建社会的能力,源自传播的生成功能。个体的社会行动会发展成为人与人之间的社会互动(Social Interactions),而社会互动又进一步构建了社会关系(Social Relations),并进而生成了社会团体(Social Groups)。社会关系是不同个体之间的关系,而社会团体则是有着一些共同的特征或目的的不同个体的集合,或者是通过相对稳定的社会互动模式而关联和确立的个体集合。鉴于此,社会行动是社会现象最为根本的基石③。

---

① LEDINGHAM J A,BRUNING S D. Public Relations as Relationship Management:A Relational Approach to the Study and Practice of Public Relations[M]. Mahwah:Lawrence Erlbaum Associates,2000:6.

② LUHMANN N. Introduction to Systems Theory[M]. Polity Press,2002:10.

③ DIXON J,DOGAN R,SANDERSON A. The Situational Logics of Social Actions[M]. New York:Nova Science Publishers,2009:13.

四、本书的主要内容

本书是作者过去十年里聚焦在新时代公共传播这一主题而完成的系列文章的汇编,主要包括公共传播理论、公共传播实践和公共传播教育三个版块。

1.第一编 公共传播理论

第一编收录了三篇文章,主要讨论了深度媒介化社会里公共传播的公共性问题、传播问题,以及传媒作为现代社会关键的文化基础设施。

在第一章中,探讨了在现代社会向深度媒介化社会转型的历史背景里,公共传播和传媒之公共性问题的性质、内涵及表现的新情境和新变化。

第二章在重新界定传播与公共传播的基础上,对于传播与公共传播的社会功能,包括公共传播如何反映和再现社会现实、生成身份、关系和社会秩序、参与社会联结和社会交往等,尝试做出了分析性解释。

第三章提出传媒是在意识形态领域具有显著正向或负向外部性的机构,因而具有高度政治属性和公共属性。也正因为如此,如同电网、高铁、通信等是一个国家关键的基础设施一样,传媒是现代社会关键的文化基础设施。

2.第二编 公共传播实践

第二编包括国际新闻传播、意识形态工作、公共信任、象征行动以及媒体平台的社会责任等与公共传播实践相关的五个话题。

第四章聚焦国际新闻传播作为一门实践的学问及其意涵。以"实践"为核心概念,针对近些年来国内业界和学界提出的一个命题,即国际传播是不同于新闻传播的实践,尝试对该命题的学理内涵做出理论阐释。

第五章聚焦意识形态工作,从实践理论的角度出发,以意识形态工作作为讨论的焦点,区分了描述性、批判性和建设性三种意识形态概念及其实践情境,关注意识形态工作的实践转向和媒介化转向及其对当下深度媒介化社会里意识形态工作的现实意涵。

第六章关注新闻发布活动如何助力构建公共信任。新冠疫情持续时间长,行政命令和强制手段有效适用的时间和空间都不可避免会有其边界限制。如何超越命令和强制,赢得公众的志愿遵从和有效执行?2020年1月28日至5月5日,广州市委宣传部在这段时间里先后举行了上百场新闻发布会。这成为我们观察政府信息公开对培育和构建公共信任作用的重要窗口,对于我们理解公共信任的生成过程和机制具有特殊价值。

第七章关注公共传播实践中的象征行动,和以文字等符号为工具表达的不同。象征行动(Symbolic Action)是一种以行动为符号的公共表达。充分认识象征行动的三种功能,一方面有助于系统深入地认识和理解象征性行动的性质和规律,另一方面也有助于在策划实施相关的活动时,善用象征行动,防范和避免潜在的风险。

第八章讨论了互联网媒体平台企业的社会责任问题,提出互联网平台作为传媒企业,其不同于普通企业的独特性是传媒产品在社会价值观念和意识形态领域具有高度外部性。而互联网平台作为关键文化基础设施的高度商业化运作,是其践行公共性使命的重大障碍。正是在这种情境下,作者提出传播和维系主流价值是互联网平台企业的社会和政治责任。

3.第三编 公共传播教育

这一编主要围绕公共传播案例教学的主题而展开。

第九章讨论了公共传播教育的三种使命。在当下新媒体环境里,新文科建设为我们思考公共传播教育及其使命提供了重要契机。基于公共传播学科的三种知识来源,即人文、科学和社会,作者提出并阐述了公共传播教育的三种使命,即弘扬人文价值(价值使命)、坚守科学理性(方法使命)和构建社会和谐(功能使命)。

第十章聚焦于公共传播案例教学的理念、方法和策略。鉴于新媒体技术革命对公共传播实践带来的挑战,我们提出与公共传播教学相适应的案例教学理念、方法和知识更新策略。此外,为适应互联网技术变革背景下公共传播学科知识变革的动态性、复杂性和不确定性,笔者提出以案例研究为知识更新的策略,创新和丰富公共传播教学中的知识生产过程和知识体系。

第十一章阐述了公共传播案例的叙述策略和分析方法。笔者提出,无论是作为一种教育理念,还是一种具体的教学方法,案例教学在新闻传播学教育中都得到了重视。但是,案例教学所依赖的教学案例,却因为案例编撰在绝大多数高校尚未纳入教师考核等原因,并没有得到显著的改善优化。为了完善公共传播领域的案例教学,提升教学案例的编撰质量,笔者提出并阐述了公共传播案例的三个特征,即问题为基(好问题)、全息故事(好故事)和因果辨析(好概念)。

五、结语：以公共传播的知识和智慧助力建设韧性社会

中国工程院王辰院士曾提出，在2020年新冠疫情中，我们中国人的抗疫成就，主要还是依靠社会抗疫。王辰院士提及了抗疫取胜的三种力量：第一，生命至上、人民至上的执政理念；第二，一方有难、八方支援的大国体制力量；第三，改革开放四十年形成的综合国力，既包括产业链的物资供应能力，也包括各方协调协作的社会行动能力。

简言之，新冠疫情之所以能够在中国这样一个人口高度密集的社会里被控制住，主要还是通过将社会不同群体组织和协调起来而实现的。最为关键的社会神经网络，即非常发达的信息基础设施、透明公开的信息生态系统，以及与此伴生的公共沟通制度和规范，共同保障和促进了新冠疫情期间，我们可以便捷快速和相对较低成本地实现不同群体之间的社会协调、协同和合作。

新冠疫情中抗疫的社会力量，在性质上是韧性社会的制度规范、保障制度规范得以落地践行的组织体系，以及多元主体参与形成社会协同协作的力量。韧性社会的核心概念是韧性（Resilience）。这是一个不同于刚性（Robust）的概念。17世纪法国著名的寓言诗人拉·封丹有一首传诵数百年的寓言诗《橡树与芦苇》。这首诗非常生动地比较了刚性与韧性的不同[1]。诗中说，从前有一棵橡树觉得自己是世界上体型最大、最强壮的树，因此非常骄傲。在风暴来临的时候，橡树看到其他树相继都被风吹倒了，橡树却生出一种胜利感，认为"我不会有事"。但是，在强大的风暴的袭击下，橡树也折断了。橡树再也没有复原的机会。当折断的橡树路过芦苇荡的时候，问芦苇："为什么脆弱如你，却能在风暴中幸存？"芦苇回答说："当风暴袭来的时候，我们会谦卑地低下头来。我们从来不会自以为是。"

刚强的橡树在一般的大风中能够安然无事，但无法抵御风暴的袭击。柔韧的芦苇，即便是在轻柔的风中也会俯身顺应，即使是强大的风暴也无法将柔韧的芦苇折断。风暴过后，柔韧的芦苇又昂然挺立，而刚强的橡树则不再有复原的机会。

个体的韧性是一个人处置挫败与挑战的能力。个体韧性之大小反映了

---

① BRUNNERMEIER M K. The Resilient Society[M]. Colorado：Endeavor Literary Press，2021：8.

一个人对于外部恶劣环境适应能力的高下。而一座城市的社会韧性(Social Resilience)是指一个共同体在遭遇挫败和挑战后,从危难时局中返回常态的复原和适应能力。社会韧性的高低,取决于人与人、组织与组织、群体与群体之间的社会信任、协同协作和互助合作水平的高低。一座城市社会韧性的高低,不仅仅取决于物质资源、技术条件、基础设施等硬件基础设施,也取决于城市治理水平、信息沟通、信任与合作水平、制度安排及其组织保障等软件基础设施。一个社会的公共传播和传媒系统正是这样的关键的文化基础设施。

目 录
Contents

第三编　公共传播教育

第一编

公共传播理论

第一章

公共传播的公共性问题

【本章概要】本章以公私之辨与公私界分这一经典命题作为出发点,在现代社会向深度媒介化社会转型的历史背景里,探讨公共传播和传媒之公共性问题的性质、内涵和表现。

■ 一、公私之辨与公私界分

公私之辨与公私界分是一个经典话题。公私界分被认为是现代社会才出现的现象。在现代社会之前,家庭与市场等公私空间常常是互嵌的,并没有明确的区分。18世纪之后,随着法律、经济和日常生活的空间安排等发生变化,公私分野渐趋显现出来①。从社会活动的领域类型来看公私界分,我们可以将其区分为多种不同的理解模式及其意涵。

首先,在政治上,存在公共权力与私人权利的界分。公共权力(Public Power),也被简称为公权或公权力,是指以维护公共利益为目的,以组织形式出现的机构与制度及其代表的权力。公权力被认为是"基于社会公众的意志而由国家机关具有和行使的强制力量,其本质是处于社会统治地位的公共意志的制度化和法律化"。公权力的典型代表是国家权力。与公共权力相对,私人权利(Private Right)也被简称为私权利或私权,是指作为社会主体的个体在社会生活中所享有的各方面的权利,主要是生命、自由和财产

① HORWITZ M J. The history of the public/private distinction[J]. University of Pennsylvania Law Review,1982,130(6):1423-1428.

等权利①。

公权力与私权利之间是交叠互嵌、相辅相成的关系。私权利被认为是公权力的来源和基础。法国启蒙思想家卢梭在《社会契约论》中提出,国家权力乃是公民让渡其部分"自然权利"才得以形成的。与此同时,如果没有公权力的强制力,私权利难以获得有效保障。

当然,无论是公权力,还是私权利,都有行于其当所行,止于其不可不止的边界。公权力若肆意扩大其边界,必将构成对私权利的侵害;而私权利的泛滥,也必将构成对他人权利和公共秩序的破坏。对于公权力与私权利之间界分的一句名言是:对于公权力,法无授权不得为;对于私权利,法无禁令即可为。但是,"法无禁令即可为"乃是一种道德约束之下的自由作为,并不意味着个体和企业等行动主体可以恣意妄为。在成文制度之外,则是不成文的伦理道德发挥作用的天地。

其次,在空间上,存在公共空间与私隐空间的界分。公共空间(Public Space)是一种物理边界相对清晰的、实际存在的物质或物理空间,也是一种表达事物之间的相互关系和通过人的观察而主观感知的空间,因而与特定的时间或背景环境更为相关。城市里的广场是典型的公共空间。公共空间不仅仅是视觉和审美的对象,也是被人们赋予特定意义的场所,还是人们活动和交往的平台,更是维系社会文化意识和促进社会和谐的空间媒介。而私隐空间(Private Space)则指向私人领域,具体而言,是户宅空间和家庭生活的领域。私隐空间免于受到公共部门和其他社会机构的直接影响。在私人领域里,人们的责任是对自己及其家庭成员负责,而且私人领域里虽然也有交换,但其方式迥异于社会领域里的市场等价交换。公共空间(如广场)是面向所有人开放的,且陌生人可以聚集在这里,属于自由交流的场所。而私隐空间则相反,是典型的封闭空间(比如户宅),并不开放,且只有经过允许方可进入。

除物理意义上的公与私空间界分之外,还存在社会意义上的公与私空间界分。具体而言,在公共讨论意义上存在公共领域/公共空间与私人领域/私人空间的界分。换言之,社会和政治意义上的公共空间不仅仅是物理

---

① 于建东,彭志军.当代中国公权与私权和谐关系的建构[J].武陵学刊,2013(2):102-107.

意义上的空间,而且也是与公共生活(Public Life)紧密关联的空间。这就意味着公共空间既有物理意义上的维度(即空间),也有社会意义上的维度(即活动)。公共领域是正式和非正式公共生活的场所和空间。这一界定包含了公共空间的多种概念,既有物理空间,也有虚拟空间。这就意味着公共领域包含了媒体、互联网等虚拟的公共空间。不过,公共空间的概念关注的多偏重在物理和物质空间,而公共领域则偏重于媒体和互联网等虚拟空间。

再次,在经济上,存在公共利益与私人利益的界分。公共利益是在一定的社会关系中满足不特定多数人所需要的利益的总称,它主要是以具有强制性的公权力为后盾来实现的①。私人利益是个人或私域主体(如私营企业)为满足自身生存与发展所需的利益。法律领域里就存在公法与私法的区分。公法是规范与公共利益相关活动的法律,宪法、刑法和规制法等均是公法;而私法是规范与私人利益相关活动的法律,比如侵权、合同、财产和商业等均属于私法规定范畴。

公共利益通常被认为是全民共享的共同利益。但是,公共利益因为其构成内容和受益对象都存在不确定性,因而究竟何谓公共利益常存在争议。在为了有效实现社会动员而达成策略性目的的情境里,公共利益更是成了一种常被利益集团用来伪饰特殊利益的修辞术。在这类情境里,就更增加了界定公共利益的难度。

界定公共利益通常有三种路径,即受益人数、利益平衡和利益过程。从受益人数的角度来看,满足共同体所有成员或绝大多数成员需求的共享利益就是公共利益。从利益平衡的角度来看,公共利益是从个人利益中分离出来的独立利益,不是某一个社会成员所独占的利益。在局部的、地方的、短期的、特殊的利益与整体的、全局的、长期的和普遍的利益之间发生矛盾时,要保证公共利益不受私人利益的干扰和损失。因此,公共利益的本质是不同利益之间的平衡。从利益过程的角度来看,公开透明和公平公正的公共利益生成过程才能确保结果是符合全民或多数人的利益的,因此应该允许公众或各个利益方有效参与公共协商,尤其是对于存在争议的问题或议

---

① 于建东,彭志军.当代中国公权与私权和谐关系的建构[J].武陵学刊,2013(2):102-107.

题,充分交流意见,增进相互理解,进而生成共识,才能最终确定公共利益的具体内容。

公共利益与个人利益之间的关系,被认为是互相转化、互相依赖和互相包含的辩证关系①②。自我利益的实现必须以利他为条件,以社会公共利益为基础。互惠互利是交换成功的前提,任何交换活动虽然是以自利为出发点的,但是其实现都必须以利他为条件。

中国传统文化中的义利之辨就是公私关系之辨,公私之间的关系趋于两级,而不可共生并存。立公废私、崇公抑私,并且强调公与私之间的对立冲突,是中国传统文化里普遍的价值观。但是,在西方社会里,公私之间是相辅相成的。这点尤其体现在以 18 世纪伯纳德·曼德维尔(Bernard Mandeville)《蜜蜂的寓言》和亚当·斯密(Adam Smith)《国富论》为代表的古典自由主义思想家的作品当中。曼德维尔和亚当·斯密都提出,通过市场机制的作用,人们追逐自身利益的行为常常会有促进公共福利增长的非意图后果。而且,其效果往往还要比真正想促进社会利益的行为更为有效。

经济学家张五常也曾经以蜜蜂为隐喻,写过一篇近乎同名的经济学论文。此文中文译名为《蜜蜂的神话》。此文有一个解释何谓外部性收益(External Benefit)的生动故事。一个苹果园和养蜂园毗邻。蜜蜂在苹果园采花蜜,帮助苹果树传递花粉,对于养蜂人来说,蜜蜂为苹果树传授花粉并不是人为刻意安排的,仅是蜜蜂采蜜的副产品。另一方面,苹果树不仅开花结果,还为蜜蜂提供花蜜。当然这也不是苹果园园主原本的意愿。

在 18 世纪之前,大多数社会理论家都认为人类社会的起源及其可持续发展,是源自经由天神授权或是经由人的意志而创设的社会制度。而曼德维尔认为,社会的生成是在无数个体谋求自利的行动和互动中生成的自发秩序,从而使得个体相互联结,形成社会。正是《蜜蜂的寓言》提出了不同的假说,即"个人自利行动促进了社会繁荣",此书因此享誉数百年。当然,也因为《蜜蜂的寓言》的作者认为寡欲无私和利他行动将导致社会的停滞、贫

① 叶必丰.论公共利益与个人利益的辩证关系[J].上海社会科学院学术季刊,1997(1):116-122.
② 唐山清.论公共利益与个人利益的辩证关系[J].社会科学家,2011(2):74-77.

困和衰败,以及文化上的空洞和落后,此书也激发了延续数百年,至今不曾歇止的学术争讼。

最后,在文化上,存在公德与私德的界分。区分公德与私德的前提条件是公共领域与私人领域的界限在走向现代社会的过程中越来越凸显出来。公德或公共道德(Public Ethics)是指公共领域中公民道德规范的总称。公德是人们在社会交往和公共生活中应该遵守的行为准则,是维系社会关系和秩序之和谐稳定的基本道德要求。公共道德存在社会道德和国家道德的区分。社会道德是个体对他人的德行,但又不是公共领域和公共生活中的德行范畴,比如各种利他的品质,如仁慈、公正、诚实、慷慨等。社会道德偏重于人在社会交往和公共生活中所遵循的道德,包括有所守的社会公德,如遵守公共秩序、爱护公共财物、保持公共场所卫生等,以及有所为的社会公德,如乐于助人、尊老爱幼、承担公共责任、关注公益事业等。而国家道德(爱国精神)偏重个人对群体的自觉义务,尤其是个人对国家的自觉义务。在公德领域,西方社会更突出对社会道德的重视,而中国社会因近代以来外敌入侵的压迫和屈辱历史影响,会更突出对于国家道德的重视。国家道德的内容①被认为包括一个核心"为人民服务",一个基本原则"集体主义",五个基本要求,也就是1982年《中华人民共和国宪法》规定的公德内容,即"爱祖国、爱人民、爱劳动、爱科学、爱社会主义"。

私德或私域道德(Private Ethics)是指私人生活中或称之为"私域"中的道德规范总称。具体而言,私德是指个人人格品质和修养作风,以及个体在处理私人生活中的夫妻、亲子、邻里、朋友等关系时的道德规范。私德被认为是用于调节个体和自己有恒常联系之特定对象,如家庭成员、朋友和同事等的伦理关系。此外,私德奉行的是"爱有差等"原则,根据自己和对象亲疏远近之社会距离的不同,道德责任的大小、道德情感的分量和调节要求也不同。这种不同会体现为个体与对象之间在权利和义务关系上不具有完全的对等性,而且亲缘关系越近,则不对等性就越显著②。另外,私德还有一类是非道德的德性,比如自制、勇敢、不惑、不惧等。道德德性关注的是道德人

---

① 于建东.公私和谐的传统路径与现代建构[M].北京:科学出版社,2020:257.
② 宣云凤.私德和公德各守其位:解决道德危机的新思路[J].江苏社会科学,2003(6):29-31.

格的养成,而非道德德性关注的是整个人生所需。非道德德性不涉及道德含义和评价,但仍旧是构成美好人生与品格的一部分①。

我国近代思想家梁启超把公德界定为"人人相善其群",把私德界定为"人人独善其身"。但是,公德与私德的边界并不总是一清二楚、界限分明的。在私人领域里不能"独善其身",如夫妻不忠、欺上瞒下,那么私德污点就有可能跃出私域之外,演变成公德行为,并在公共领域受到公德规范和制度的约束甚至惩罚。演艺体育明星、社会公众人物的私德问题更有可能在媒体聚焦之下演化成公德问题。

简而言之,公德指向公共生活,私德指向私域生活。但是,公德德行与私德德行之间并非截然两立,在不同情境里两者存在相互转化的可能。尽管很多西方政治思想家认为,不能将私人生活中的道德规范延伸应用到政治生活中,反之亦然。但是,在中国的历史与文化情境里,人们往往很难接受在公共生活中可以忽略一个人(尤其是公众人物)私德德行的污点。

总体而言,无论是公权力与私权利、公共空间与私隐空间,还是公共利益与私人利益、公德与私德,这样一些公私之辨中的公私界分都有相对性的特征。公私边界是相对的,而不是绝对的。比如,从行动主体的性质来看公私界分,自由主义对于公私界分有两种构成类型。一种是国家与社会的界分。在这种界分中,国家是公,而社会是私。另一种是社会与个人的界分。在这种界分中,社会是公,而个人是私。所以,在国家、社会和个体这三个主体间,公私界分,是相对的。

费孝通对中国文化中差序格局的社会结构进行了分析,也关注了公私界分的相对性。《乡土中国》一书中提及,"为自己可以牺牲家,为家可以牺牲族……这是一个事实上的公式。在这种公式里,你如果说他私么?他是不能承认的,因为当他牺牲族时,他可以为了家,家在他看来是公的。当他牺牲国家为他小团体谋利益,争权利时,他也是为公,为了小团体的公。在差序格局里,公和私是相对而言的,站在任何一圈里,向内看也可以说是公的"。

---

① 陈来.西方道德概念史的自我与社会[J].山东师范大学学报(人文社会科学版),2019(5):1-11.

■二、传媒实践的公私界分以及深度媒介化的影响

深度媒介化(Deep Mediatization)是指社会及公共生活与媒介和技术深度融合、交织互嵌的状态和过程,媒介因此成为几乎所有社会过程的塑造力量。这也给公共传播实践提出了重大挑战。这种挑战,既表现在理念层面,即我们对于究竟何为媒介与何为传播的内涵需要有更为完整的全新理解,也表现在技术层面,即对于深度媒介化环境里公共传播的方法与技术等实践问题,需要有新的认识和探索。

在互联网环境里,尤其是 2010 年之后社交媒体兴起以来,原本楚河汉界一般清晰二分的公私边界,日益呈现为以公私为两端的渐进变化和程度各异的中间状态。不过,在深度媒介化环境里公私边界的变化和调整,并不意味着公私界分不复存在。我们之所以要关注和讨论公共传播与公私界分的关系,有以下几方面原因。

1. 区分政治上的公权力与私权利,有助于我们明晰传媒实践对于维系公权力与私权利之间和谐关系的功能和价值

(1)传媒是个体公民主张权利和表达意志的重要渠道。在自由多元论的视野里,传媒可以成为个体公民主张权利、声张利益和政治信念等自由竞争的意见市场,但是自由多元论始终难以绕开的诟病是传媒为了市场份额和广告收入,而致使并不算少数的群体意见被忽略沉默或听而不闻。而在民主共和论的视野里,传媒是增进不同社会群体之间相互了解和理解,生成和凝聚社会共识的公共场域,但是也容易被批评为刻意求同(共识蜕化成为宰制)、无视差异(粉饰太平)。这正是埃德温·贝克(Edwin Baker)提出传媒之复合民主论的原因,走中庸之道,互补长短[1]。

(2)传媒服务于公共权力和权威的建构。传媒是现代社会的一种政治制度。现代社会的公共权力和权威的日常运作都离不开传媒,而且公共政策和公共治理等政治实践与传媒实践始终交叠互嵌、相辅相成。传媒不仅仅是反映公共政策和公共治理的实践活动,而且积极地卷入、参与和生成了政治实践活动。

---

[1]　BAKER E. Media, Market and Democracy[M]. Cambridge University Press, 2002:7-19.

（3）媒体权力是一种准公共权力和权威。传媒是一种社会生产和再生产象征权力的组织。而象征权力在根本上是一种建构、定义和解释社会现实的权力。媒体权力正是这样一种建构、界定和解释何为事实的权力。这是传媒作为社会公器所担负的一种令人敬畏的责任。我们既要防范和矫正传媒产业化、市场化和商业化进程中公器私用、假公济私、媒体寻租等社会问题，同时也要充分发挥媒体推动公共机构和公共权威服务于公共利益，表达公共价值的原本使命（比如新闻媒体中的调查报道、建设性新闻等）。

2. 区分空间上的公共空间与私隐空间，有助于我们深化认识传媒作为一种空间嵌入日常生活和公共生活的情境、逻辑及其对人行动的塑造

公共空间不仅仅包括外在于人、有待人去发现的实在空间，也包括由人们通过符号和话语而人为建构的虚拟空间。公共空间与公共生活天然联结在一起，而传媒正是在物理空间之外社会意义上虚拟的社会或公共空间。

传媒作为现代社会的公共空间有两种相关的理论概念。一个是德国社会理论家哈贝马斯（J. Habermas）关于公共领域（Public Sphere）的概念，提出公共领域是社会生活中民意得以生成的场所①。而在现代社会里，公共领域不仅仅是咖啡屋、俱乐部或茶馆等实体空间，也是报纸杂志、广播电视、互联网等大众媒体所构建的虚拟空间。另一个是耶鲁大学文化社会学家杰弗里·亚历山大（Jeffery Alexander）关于公共领域（Civil Sphere）的概念，认为由大众媒体、公共舆论和社会团体等共同构成现代社会的沟通体系（Communicative Institutions），生成和生产了社会团结以及内生于此的责任，如促进经济平等、政治担责和防范权力滥用等②。

当然，传媒具有成为公共领域的潜力潜能，并非天然就是公共领域。一方面，传媒作为公共空间，存在很大的潜在风险是公器私用。由于传媒的市场化，尤其是在当下互联网平台高度商业化的情况下，互联网等传媒并没有

---

① MCKEE A. The Public Sphere：An Introduction[M]. Cambridge University Press，2005：4.
② ALEXANDER J. The Civil Sphere[M]. Oxford University Press，2008：4.

成为很多人所期待的,致力于构建社会信任和社会团结的公共领域。另一方面,由于人们更多的是将互联网用于交友、生活和工作,而非公共活动,因此传媒被有的研究者视为私人领域,而不一定是公共领域。

传媒作为一种空间会塑造人的行为和行动。人的行为和行动是嵌置在特定的物理、社会、文化和感知的情境和场景之中,而人所处的情境和场景,会在极大程度上影响甚至决定着人行为和行动的选择机会和可能性。一堵墙上若有一扇窗户,我们就可以凭窗眺望。若墙上没有窗户,就没法眺望。眺望是窗户给人提供的机会,因此窗户作为一种建筑设计会塑造人行动的机会和可能性。传媒作为一种空间及其技术和制度对于人行为和行动之机会和可能性的影响和塑造,正是媒介可供性(Media Affordance)概念所指的意思。

深度媒介化对于隐私具有威胁。隐私实际上赋予了每个人能控制他人所能触及的、与我们相关的信息和知识及其散播,从而避免和防范他人对我们的操纵或伤害。个人隐私在一定程度上取决于空间隐私。为了保存个人隐私,我们需要私隐空间来保存我们的私人信息。但是,在深度媒介化环境里,隐私泄露给人们带来了诸多风险。

3. 区分经济上的公共利益与私人利益,有助于我们推动传媒发挥联系和贯通公私领域的桥梁联结功能,革新市场和经济活动的组织方式,激发社会活力

传媒是现代社会的神经系统,具有联结和贯通公与私的社会期待和使命,从而促进私人利益和公共利益的有机统一,增进私人领域与公共领域的共生共荣和良性互动。

(1)传媒助力于生成和维系社会合作和社会协作。无论市场活动是通过市场(价格机制)、等级(权力机制),还是网络(互惠机制)等哪一种方式组织起来,沟通和传播都是实现社会合作和协作的基石。在深度媒介化社会里,更值得关注的是,持续革新的传媒技术如何改变、塑造和创新了经济活动的组织方式。比如互联网技术在很大程度上推动了现代社会从高度依赖等级权力机制的社会组织方式,转向了基于平等、互惠和信任网络的组织方式。在互联网技术影响下,人类突破时空束缚的能力在持续增加,基于时空约束而形成的组织传统边界也在淡化,不同组织之间的共生和联系变得更为紧密。传媒作为现代社会关键的文化基础设施,在以前所未有的速度和方式重构市场之间、企业之间的边界和关系。

(2)市场和经济活动作为社会交往和文化活动,传媒是其基础支撑。现代社会的市场和经济体系不仅仅是一个使用价值和交换价值的生产体系,而且也是一个社会交往体系,因为所有社会的生产都涉及复杂的分工和合作系统,而不可能仅仅依赖个体的努力。在作为社会交往体系的市场和经济体系中,传媒在其中扮演了基础性的作用,经由直接的象征符号互动(如借助语言符号的在场互动),或者是间接的中介匿名互动(如经由货币、市场、价格等中介而实现的交往互动),或者是两者杂糅,兼而有之。市场和经济活动嵌置在社会和文化肌理当中。这意味着市场和经济活动的健康运行,始终需要文化、规范和制度的维系,这也正是非市场机制的内涵。非市场机制就是一套有助于保障市场活动的公平和效率,并防范其衰变沉沦的制度和组织机制。正是在这两种意义上,市场和经济活动不仅仅是生产和交易活动,而且在根本上是文化和交往活动。而传媒则是这些活动发生所寄居或依托的载体、情境和制度体系。

(3)市场与经济活动中的策略传播(如广告、营销和品牌等)具有公共性。一方面,这表现为尊重私人利益是公共利益得以实现和繁荣的基础。策略传播虽然常常是服务于私域的个人和组织利益(如私营企业),但间接地增进了一个社会公共福利的总体水平,正如曼德维尔所用蜜蜂寓言力图揭示的,即"个人自利行动促进了社会繁荣"。另一方面,也表现为传媒是在意识形态领域具有高度外部性影响的机构。传媒活动不仅会塑造人的心思意念,而且传媒内容(包括互联网数据)作为非物质类型的生产要素,虽不会取代土地、资金和人力等生产要素,但会渗透、影响和塑造其他要素,从而改变生产过程[①]。

4. 区分文化的公德与私德,有助于我们理解传媒在不同情境里如何参与创立和维系社会和公共秩序

公德被认为是个体如何处理与集体、社会等共同体关系的道德规范总

---

① BABE R E. Communication and the Transformation of Economics[M]. Westview Press, 1995:3.

称,而私德则偏重于指引和约束个人如何追求自身品性的完善。对应到公共传播实践中,传媒对公德和私德的广为宣扬、传承和维系,是一个社会维系秩序和安宁的根本。

传媒如何参与生产和再生产社会秩序,这是在社会文化路径里开展传播研究的核心命题。社会文化路径里的传播研究是在受到 19 世纪之后符号学、社会学和人类学的影响之下,逐步形成的传播研究范式。我们所处的社会文化环境在很大程度上是由象征符号和传播媒体所生成和维系的。这一研究范式的核心问题是力图揭示宏观层面社会秩序在传播和传媒参与的微观社会互动过程中是如何被创立、实现、维系和转化的[①]。社会文化范式里的传播研究认为传播和沟通问题在根本上,是源自表现为社会文化多元和相对的空间差异,以及表现为社会文化变迁的时间差异,致使沟通所依赖的共享文化和经验丧失,导致了不同群体之间的沟通障碍。因此,技术变迁、传统社会秩序消解、城市化与大众社会兴起、文化分化和全球化等导致社会秩序的失范和重建,这类现象和问题在社会文化范式的传播研究中往往受到特别的重视。

群己公私的界分及联系等社会情境差异,一直影响着人们在沟通与传播过程中对话语、策略和行动逻辑的选择,以及传播过程中各方的期待。在我国的文化情境中,在公共场合里人们的期待是要公事公办、按章办事,遵循的是制度理性和逻辑。而在私域场合里,则被认为和被期待要讲究人情世故,合情合理,更易受人情左右。互联网等电子媒体的兴起模糊了公域与私域的界限,这也造成了公德德行与私德德行之间的边界渐趋模糊,并带来了一系列的问题。公德侵入私域,或者是私德泛滥于公域,都会导致道德准则适用情境的错位。在社交媒体普及的初期,就曾出现了很多混淆公私界限而导致的问题。这些社会问题的症结,在于社交媒体在很大程度上贯通了私域与公域,而社交媒体的使用者没有及时意识到公私边界及其行动逻辑和各种社会角色之社会期待的分殊。

---

① CRAIG R T. Communication theory as a field[J]. Communication Theory,1999,9(2):119 – 161.

▪ 三、公共传播的公共性

公共传播之公共性的具体内涵。公共传播是一种发生在公共空间和公共领域里的沟通与交往实践。公共舆论因公共传播而得以生成、散播和产生影响,因而公共传播具有公开、开放、共享等公共属性。具体而言,公共传播的公共性指向的是在公共领域里,遵从公共理性,表达公共价值,参与公共服务,增进公共福祉。

公共性理论存在实然与应然的区分。实然公共性(Empirical Publicness)理论寻求的是解释组织及其管理活动,而应然公共性(Normative Publicness)理论寻求的是为组织及其管理活动提供应该怎么办的规范性构想①。组织的应然公共性,无论是公共空间和公共领域的具体形态,还是公共价值和公共理性的具体构成,以及公共服务和公共福祉的具体类型,都会受到历史文化传统和政治社会结构的影响。比如古希腊城邦国家里的公共讨论,主要是发生在贵族阶级,而哈贝马斯早期有关公共领域的概念,描述的是新兴资产阶级的公共领域。这里暂不对具体历史情境里公共传播的公共性的内涵做分析,而是对公共传播的应然公共性的一般性内涵做一些阐述。

1.公共空间

公共传播是发生在公共空间和公共领域的活动。这是不同于发生在家庭、亲友餐聚等私域空间里的沟通和交往活动。公共空间就意味着公开、开放,没有进入门槛或低进入门槛。在现代社会里,公共空间不仅仅是物理意义上的实体空间(比如以广场为代表的公共场所),而且由于其广泛地参与了公共讨论和舆论生成,传媒作为虚拟的非实体空间也是公共空间的重要构成。传媒作为公共空间和公共领域,产生了重要的社会后果。因为传媒不仅仅是传播信息的技术载体,而且传媒渗入了日常生活和公共生活之后,影响和塑造了人们行动和互动的机会和可能性,以及社会关系的建立和维系。每个个体通过使用传媒,创造了社会行动和互动的全新形态和方式。

---

① BOZEMAN B,MOULTON S. Integrative publicness:A framework for public management strategy and performance[J]. Journal of Public Administration Research and Theory,2011(21):363-380.

无论是面对面的互动,还是经由媒体中介化的双向互动,沟通内容的结构、方式和显隐程度在很大程度上都被传媒所塑造、选择、过滤和人为加工了。此外,公共空间和公共领域还意味着发生在其中的活动具有社会能见度。由于传媒的介入,原本只存在于特定空间里的个体、活动或事件,其社会能见度获得了脱嵌于特定时间和空间束缚的机会,而获得了时空的延展性。这就是约翰·汤普森(John Thompson)所说的媒介化的能见度(Mediated Visibility)[1]。汤普森认为,媒介化社会能见度的兴起,改变了社会能见度与权力实践之间的关系。因为政治行动者可以借助媒介化的能见度,在更广的地理空间和社会空间里管理其能见度,比如显现或藏匿,从而建立和维系其形象声誉、社会认可度、合法性和正当性。

2.公共理性

公共传播活动的参与者需要遵从公共理性的原则。公共理性是客观中立的公共理由,它超越了个体的利益、情感和偏好等个体理性,是全体公民之多元理由的重叠共识[2]。换言之,公共理性是衡量论辩内容的标准,任何论辩必须用所有人都能够接受的说法来呈现,因而排斥了私利和偏狭。公共理性有三个层面的含义[3],既是一种公民的公共推理能力,一种公民广为认可并接受的公共理由和证据,也是一种共享的公共价值。但是,公共理性并不等同于某一种具体的实质政治价值,比如公平、正义、平等。

3.公共价值观

公共传播活动是对公平、平等、正义等基本价值观的主张、重申和坚守。公共价值(Public Value)是同一或同类客体同时满足不同主体需要所产生的效用和意义,而公共价值观(Public Values)则是对客观存在的公共价值的反映和建构[4]。公共价值观被认为是一个社会的规范性共识,包括以下方面。①公民应该或不该具有的权利、收益和特权。②公民对于社

---

① THOMPSON J B. The new visibility[J]. Theory,Culture & Society,2005,22(6):31-51.

② "公共理性"是一个复杂的概念。本书这里的界定,是在万俊人的定义基础上修订后做出的界定。参考万俊人.公共理性与普世伦理[J].读书,1997(4):26-31.

③ 汪远旺.两种公共理性[D].杭州:浙江大学,2017.

④ 胡敏中.论公共价值[J].北京师范大学学报(社会科学版),2008(1):99-104.

会、国家以及其他公民的义务。③政府施政及其政策的原则①。还有研究者提出，由民族精神、时代精神、政治思想、道德风尚以及理想信念组成的价值体系是一个社会的核心价值观，也就是该社会的公共价值观②。社会主义核心价值观体系是我国的公共价值观。公共价值观是维系社会秩序稳定和活力，实现社会凝聚和团结的文化基石。和认知、情感、态度等会影响和塑造人的行动一样，价值观被认为是人行动背后关键的底层动因。因而不同类型的沟通和传播策略都非常强调传播者嵌置在核心信息里的价值观，需要和传播目标群体心中的价值观匹配，方能取得良好的传播效果。此外，基于价值观的传播也被认为可以增进人们的主观幸福感。人们的幸福感受到目标实现程度的影响。价值观的匹配和实现是一种高阶目标。价值观会影响到人们的选择，进而影响到人们的主观幸福感。实现低阶目标（如考试过关）带来的幸福感不如实现高阶目标（如事业成就）。

4. 公共服务

公共传播和传媒如何参与公共服务？一方面，公共传播和传媒会参与到政治、经济、文化等不同领域的公共服务生产和供给过程当中，从而影响和塑造其过程。任何人或组织的决策，都依赖于理性和信息。而事实上，理性和信息往往都是决策者所缺乏的。作为个体的决策者，很多时候都是不理性的，而信息（Information）也不是一成不变的。信息自始至终都是在不断地被人所建构和呈现。传媒是信息载体，而信息会始终参与、渗透和卷入到生产要素的生产、流通和使用过程当中，并影响生产要素的形态和价值。在深度媒介化环境里更是如此。比如在新冠疫情期间若非有基于互联网媒体平台的健康码、行程码等技术产品的参与，精准的疫情防控策略将没有可能实现。这有助于推进公共服务的普及、均等和高效。另一方面，传媒产品和服务本身是公共服务的重要组成部分。传媒所承载的信息会影响到人们的认知和决策，而信息的消费天然具有非竞争性和非排他性等公共属性。

---

① BOZEMAN B. Public Values and Public Interest: Counterbalancing Economic Individualism[M]. Washington D.C.: Georgetown University Press, 2007: 13.

② 胡敏中. 论公共价值[J]. 北京师范大学学报（社会科学版），2008(1): 99-104.

无论是欧洲和美国的公共广播电视制度的规制政策,还是我国党管媒体的传媒政策,都源自公共传播和传媒是公共服务的理念。2006年10月,中国共产党十六届六中全会首次提出:"依法保障公民的知情权、参与权、表达权、监督权(四权)。"2012年,党的十八大报告中进一步明确:"坚持用制度管权管事管人,保障人民知情权、参与权、表达权、监督权,是权力正确运行的重要保证。"推进政务公开,增加透明度,保障公众的"四权",促进政令下行和民意上行通畅无碍,赢得人民群众的充分理解、广泛支持和积极参与。这是公共传播和传媒参与公共服务的重要内容。

5.公共利益

如何理解公共传播与公共利益之间的关系?可以大致区分为精英主义、自由主义和共和主义等不同政治观念(或政治意识形态)视野里的分析路径。

(1)在精英主义观念里,公共传播和传媒可督促在公共和私营部门担任要职的精英勤政为民,克己奉公。政治学里的精英主义理论认为共同体的事务最佳处置主体是共同体内的一少部分能力、智慧和美德都超越凡人的精英人士,且在现代复杂社会里精英在公共事务和决策中担当大任乃不可避免。精英论者认为,绝大多数普通人既没有兴趣,也没有能力来理解政府或企业需要处置的复杂问题,更遑论设计解决问题的方案。但是,精英服务于公共事务的承诺和热情,因各种原因也有衰退消沉的时候。那么,此时就需要各种机制来督促或替换已经不再胜任的精英,让想作为、能作为的人来接替继任。精英理论赋予传媒的角色和任务就是透明公开和监督检查,确保公共部门和私营部门及其任职精英保持在群众期盼的轨道上为人民服务、为社会担责。

(2)在自由主义观念里,公共传播和传媒是个体或组织主张和表达利益的活动和载体。当每个个体或组织都能够自由充分地主张和表达自身利益时,公共利益即可得到最大程度的保障和实现。这种理念在很大程度上是亚当·斯密及曼德维尔有关私恶与公益之间辩证关系的再现。换言之,在守法合规的条件下,每个人都谋求自身利益最大化,即可实现公共利益的最大化。在这样的情境里,公共传播和传媒及其话语的使命,就是服务于生成不同群体的利益概念和身份认同,以及在交易和合作中妥协和议价的需要。

以自由主义传媒理论的重要构成公众知情权为例,公众知情权是公众通过传媒等渠道了解政府工作情况的法定权利。公众知情权的法理基础是在涉及财产权利、自身安危、公共安全等公共利益的问题上,公众有权利获知相关的事实和真相。这是传媒之所以享有新闻自由权利的理由,当然也是传媒必须践行与新闻自由相伴随的社会责任的原因。

(3)在共和主义观念里,公共传播和传媒是增进不同社会群体之间相互了解和理解,生成和凝聚社会共识的公共活动和公共平台。公共传播是一种专业人士及其群体构成的专业社群。它作为一种公共民意生成和散播的公共活动或公共平台,或者是一种通过促进社会交流、交往和公共讨论而维系社会存续和活力的文化制度,来增进公共利益。这和自由主义政治传统里的公众参与旨在保障和维护自己权利和权益是完全不同的。共和主义政治传统里的公众参与旨在服务于公共利益,回应了自由主义所忽略的两个问题。一方面,人并非总是自利导向的。人是社会动物,人与人之间的互惠互助、信任合作和彼此关怀,都表明人不是纯粹的自私自利和孤立自存的人。另一方面,人的利益并非始终是源自人的内心所思所想或人心理上的社会认同。人们常常会遵从于社会共享的利益和价值观,而社会共享的公共价值观需要人的自我反思、社会交流和交往,方才得以形成。因此,在共和主义观念里,公共参与的内核不仅仅是或主要不是主张和谋求自身私利,而是公众在一起协商和行动,致力于实现社会共享的目的和目标。公共传播和传媒则是在功能意义上成为公共商议和协商的活动、场域和平台,旨在促进公众为了公共议题或问题而展开公共协商。

■ 四、公共性是公共传播实践的根本属性

为什么说公共性是公共传播实践的根本属性?这里提出三个方面的分析。

1. 公共传播作为社会活动的实践公共性

现代社会最为基本的公共传播活动有三类:告知(Inform)、说服(Persuade)和协商(Deliberate)。这三类活动各有所侧重。告知旨在增加认识和了解,说服旨在塑造态度和偏好,而协商则旨在增进理解和共识。所有

其他形态的沟通与传播活动,比如应用传播实践中的科学传播、健康传播和环境传播等,策略传播实践中的品牌、广告、营销等与传播相关的活动,都是从此派生而来的。

这是从公共传播潜在社会影响的角度,来讨论公共传播实践的公共属性和政治属性。公共传播是一种社会实践,而媒体是一种技术形态。这在本体论上就是存在差异的。因此,传播作为一种社会实践的公共性,在内涵、构成和形态上,都不同于媒体作为一种公共组织的公共性问题。

公共沟通与传播活动会影响和塑造人的心思意念。这是公共传播作为社会活动具有实践公共性的根本原因。笔者把"心思意念"翻译成英文,就是 Heart、Mind、Attitude 和 Values。Heart 是心,心对应的是情感;Mind 是思,对应的是理性,包括理性的认知和思考;Attitude 是对人的态度和行为意向;Values 是念,对应的是信念、观念和价值观念。

公共传播与传媒无时无刻不在塑造人的心思意念。正是在这个意义上,我们提出公共传播无论是作为一种服务,还是作为一种传媒产品,都与其他类型的服务或产品有非常大的不同。比如,传播服务和产品就与餐馆及其菜品非常不同。如果你肚子饿了,去餐馆吃饭。餐馆及其菜品对于你来讲是有作用有影响的,但是对于你周围的人来讲,就没有什么直接的影响。但是,如果你看了一篇文章,或者听了一个演讲,或者看了一部电视剧,并因此改变了你的一些想法,这个影响有极大可能会传导开来,影响和改变你周围很多人的想法,甚至决策。

公共传播和传媒对于人的影响链,我们可以称之为"链式反应"。链式反应(Chained Reaction)原本是核物理领域里的概念,指核反应的产物又引起同类核反应继续发生,从而持续不断进行下去的过程。以核物理中的链式反应为隐喻,传媒影响的链式反应是借用了核物理的技术概念,来喻示在深度媒介化环境里,活动或事件之间交互联动,一个社会行动或社会事件的结果,往往同时包含有另一个行动或新事件发生条件的持续进展过程。

公共传播作为社会活动的实践公共性最为原初和直接的社会后果是传播和传媒会生成和塑造社会事实(Social Fact)和社会现实(Social Reality)。社会事实是基于社会共享的规则而由人建构和生成的事实。社会事实或社会现实很大程度上塑造着一个社会的资源分配。

鉴于此,作为信息承载技术形态的传媒,与作为一种社会实践形态的传播,天然具有很强的政治属性和公共属性。中国古代的文以载道理想,是一种规范性的理念。文以载道,敬惜字纸,都是对书面表达之重要性的体现。"文以载道"的本意是:语言文字是用来表达传播正义的思想道论的。后来"文以载道"引申为文章是用来表达传播思想文化的。比照公共传播的公共性使命和中国古代文以载道的理想,公共传播的公共性使命,可以说是在深度媒介化社会里中国古代文以载道的天职和使命的一种延伸和转化。

2.传媒作为一种社会权力的制度公共性

公共传播活动的发生,不仅仅是依赖于传媒技术及其载体,也依赖于围绕传媒而建立的一套组织、制度和文化规范。这里我们重点关注传媒作为一种社会权力以及规制和规范的制度公共性。

传媒权力(Media Power)是一个复杂概念,在不同情境里存在多重含义。在这里,本书尝试提出理解传媒权力的三种路径。

第一种路径,传媒权力是一种界定和诠释世界的象征权力。这一路径的代表人物有英国的尼克·柯曲(Nick Couldry)和美国的詹姆斯·凯瑞(James Carey)等学者[1][2]。在这种路径里,传媒权力是指媒体自身的权力,具体表现为信息借由媒体而快速且广泛流通,以及因媒体的再现而以特定方式构建现实的影响力。因此,媒体并不仅仅是社会其他权力部门实现其权力延伸和增值放大的管道,媒体本身就是现代社会的重要权力之一,并因此而获得影响其他权力集团,如大企业、政府、文化精英的权力[3]。

第二种路径,传媒权力是作为社会权力的一种代理。在这种路径里,传媒权力并非是"传媒"的权力,而是社会上其他权力部门借助媒体,从而拓展其权力行使的管道和边界,权力因此得以延伸、增值和放大。这一路径的代表人物有斯图亚特·霍尔(Stuart Hall)和迈克尔·夏德森(Michael

---

① COULDRY N. The Place of Media Power:Pilgrims and Witnesses of the Media Age[M]. London:Routledge,2000:3-22.

② CAREY J. Communication as Culture:Essays on Media and Society[M]. Boston:Unwin Hyman,1989:87-88.

③ 邓理峰.声音的竞争:解构企业公共关系影响新闻生产的机制[M].北京:中国传媒大学出版社,2014:23-24.

Schudson）。这种理论路径更侧重于剖析外部力量如何影响传媒内容。传媒作为社会权力的代理，可以表现为两种形态：一种是传媒外部各类权力集团对于媒体内容产制过程的直接干预；另一种则不是传媒内容产制过程中决策行为层面的干预，而是文化干预。文化干预对于新闻媒体的影响，常常超越一时一地的具体新闻决策，而影响到新闻媒体的文化与制度，进而影响到一个社会的媒体生态系统与公共领域结构。

第三种路径，传媒权力是深度媒介化作为一种总体社会过程的影响力。在这一路径里，传媒权力关注的是在社会-技术双重转型过程中，与传播科技变革相伴随的政治、经济和社会变革过程及其带来的社会影响力。社会-技术转型意味着技术和社会是高度互嵌和互动的领域，传媒作为一种信息技术的载体影响着每一个行动者的行动机会和可能性。在这一路径里，传媒权力因此指称媒介饱和环境的力量，而不是用来指称某一特定媒介，如广播或电视的效果或社会影响。

我们之所以要关注传媒权力的公共性问题，至少有两个原因。第一，传媒权力概念指向了传播和媒体与现代社会之间的关系，特别是在现代社会里国家权力、企业权力和社会权力等各类权力运作的机制和过程中，如何因传媒而发生改变。在互联网新媒体环境里，人类社会全面地呈现出深度媒介化特征，传媒在现代社会里的权力和影响力更是愈发凸显出来。很多媒体乐观主义者纷纷宣称，新媒体革命性地再造了政治、文化和社会过程（比如尼葛洛庞帝、亨利·詹金斯、曼纽尔·卡斯特等）。当然，我们需要来探究并批判性地反思传媒权力究竟存在于哪里，其运作的机制和过程又是怎样的。第二，在传媒权力概念及其所蕴涵的对权力理解之中，我们可以获得剖析现代社会之权力运作机制和方式的新理解，即权力存在于人与人之间的既相互依赖，又相互控制的关系中。权力的再生产不仅仅需要占有各种资源，更需要获得理性的社会认同，否则仅仅依赖于强力控制的权力，并不能真正长期有效地实现权力者的意志。有鉴于此，权力实践不仅仅是罗伯特·达尔（Robert Dahl）所说的 A 让 B 去做 B 原本可能不愿意做的事情（A 对 B 的控制，权力的行为面向），更有斯蒂芬·卢克斯（Steven Lukes）所说的第三面向的权力，即影响和塑造人们的意愿和偏好，从而影响公共决策的作用。也正是在权力实践的第三面向中，传媒权力的角色尤为凸显。

任何形式的权力实践都既需要正当性和合法性的基础,也需要为防范权力滥用而接受监督。传媒权力也不例外。一方面,媒体之所以获得社会能见度和社会影响力等权力资源,原因在于传媒对呈现事实和揭示真相的使命和承诺。新闻媒体作为一种社会公器,问责和制衡权力乃是其天职。这正是新闻媒体作为一种社会制度(Social Institution)的正向外部性。另一方面,也需要防范传媒权力被滥用。各国都有各类规制新闻传媒的法律法规或产业政策,从而确保传媒服务于公共利益的使命。总之,围绕着传媒问责权力和权力/权利问责传媒而建立的各类制度规范及其公共性,乃是传媒作为一种社会权力的制度公共性。

3. 传媒作为社会公器的组织公共性

这是从传媒公共性的实现条件来讨论公共传播的公共性。传媒作为组织,其公共性并不是与生俱来的天然禀赋,而是取决于条件和人为努力,方才可能得以实现的公共性。车马费、封口费、有偿新闻、有偿不闻、新闻软文等媒体腐败现象都警示我们,传媒作为社会公器之组织公共性的实现,既需要法律法规等硬性制度的保障和约束,也需要职业伦理和道德等软性制度的保障和约束。

组织公共性是理解组织行为的关键。依照美国学者巴里·波兹曼(Barry Bozeman)对于组织公共性的理解,组织公共性是反映了组织在多大程度上受到政治权威和公共权威影响的特征[①]。波兹曼关于组织公共性的概念,提出了理解组织公共性的三个评价维度,包括组织的身份特征(如法律地位、资本性质和结构等)、所处的政策环境,以及所处的公共价值及文化规范环境。这就不同于传统上主要是从组织的法律地位和所有权性质这个单一维度对于组织公共性的理解。因为仅仅单独以组织的法律地位和所有权性质,并不能理解和解释组织领域里的各种复杂现象。比如美国著名的智库研究机构兰德公司是一家私人企业,但是兰德公司的研究经费基本上都来自政府合同。换言之,兰德公司的经费是来自纳税人的钱。而美国私立大学的办学经费多来自社会捐赠,却提供的是高等教育这类公共服务。鉴于此,基于波兹曼的组织公共性理论,所有类型的组织都在程度不等地受

---

① BOZEMAN B. All Organizations Are Public[M]. San Francisco:Jossey-Bass,1987:6.

到政治权威/公共权威的影响,因此所有组织都具有公共性。问题不在于组织是否有公共性,而在于为什么不同组织公共性程度会存在差异。

传媒作为"社会公器"的表述虽然是中文里独有,但传媒要服务于公共利益,却是中外的普遍理想。英国的英国广播公司(British Broadcasting Corporation,BBC)、美国的公共电视网(Public Broadcasting Service,PBS),都被认为是公共传媒的典型代表。有研究者以现代传媒的所有权性质为评判依据,从而得出结论,认为传媒并不是"社会公器"。比如以美国为代表的西方国家新闻媒体多为私有企业,具有显著的阶级属性,因而其新闻媒体不可能是社会公器①。不过,这种论述过于拘泥于传媒的所有权性质来评估其公共性。在波兹曼的组织公共性理论视野里,表面的悖论其实并不存在,因为法律地位和所有权性质,并不是决定组织公共性程度高低的唯一条件和充分必要条件。《纽约时报》《华盛顿邮报》等常被批评为报道的议题和新闻只不过是呈现美国上层阶级主导意识形态的喉舌,且在产权性质上都是私人企业,但在美国也被认为是享有盛誉的美国主流媒体。从美国主流媒体的产权性质及其具有的声誉和面临的批评可以看到,私有产权和公共服务之间并不一定是冰火不容的对立关系,而是具有可能并存的复杂性。

目前在以"传媒公共性"为概念的研究中,应然如此的规范性论述居多,而基于事实和数据对传媒组织实然公共性的实证研究相对较少。传媒应然公共性的理论阐述,最大价值集中地体现在两个方面。一是有助于我们理解在不同的社会与政治结构情境里,为什么对于传媒应然公共性如此理想化和传媒实然公共性如何实践都可能存在显著的差异。二是传媒组织公共性的理想与实践之间的差异或差距,有助于提示我们组织公共性并不是一种与生俱来的天然属性,而是一种需要人为努力才能得以实现的规划目标。正如波兹曼组织公共性理论给予我们的启发,组织的法律身份和所有权性质、政策环境和文化环境等都在影响着组织公共性的实现程度。

---

① 张冉,尹魏,高戈.从社会公器的谬误审视新闻自由[J].采写编,2004(6):10-12.

第二章

公共传播的传播问题

【本章概要】在重新界定传播与公共传播的基础上,对于传播与公共传播的社会功能,包括公共传播如何反映和再现社会现实、生成身份、关系和社会秩序、参与社会联结和社会交往等,尝试做出了分析性解释。

一、重新认识传播与公共传播

我们如何理解传播?简言之,传播是人们在不同情境里通过符号或行动来生产事实和交流意义的社会活动。媒体是人们在生产和交流信息及意义时所使用的技术载体。传播管理是对传播过程、效果及其社会影响的管理。传播学则是从人文、社会、技术等不同角度,研究传播的形态、方式、媒体渠道及其社会影响的学问。公共传播是以促进公共理性为理念,以增进不同社会群体之间的了解、理解和共识为使命,关注各类组织在公共领域里的沟通和交往实践。此外,公共传播教育一直有培育积极公民的传统,强调公共服务和公共情怀①。

(一)理解公共传播的两种路径

我们可以尝试从两种不同的路径来深化理解公共传播的内涵。

第一种路径是沟通的层级(Level)。约翰·鲍尔斯(John Powers)曾经

---

① WILLARD C. Liberalism and the Problem on Knowledge: A New Rhetoric for Modern Democracy [M]. Chicago: University of Chicago Press, 1996.

根据沟通与传播的层级来区分传播的实践形态①。依照这个框架，根据参与传播活动的人数、控制沟通活动主体、沟通的正式程度以及个人信息披露的程度等因素，可以将沟通与传播区分为人际传播、群组传播和公共传播三种形态（见图 2-1）。以参与沟通的人数为例，2～3 人参与的沟通活动，称为人际传播；4～9 人参与的沟通活动，称为群组传播；10 人以上的沟通活动，则称为公共传播。再以个人信息披露程度为例，人际沟通中个人信息披露程度最高，群组沟通次之，而公共传播中个人信息披露程度则是最低的。

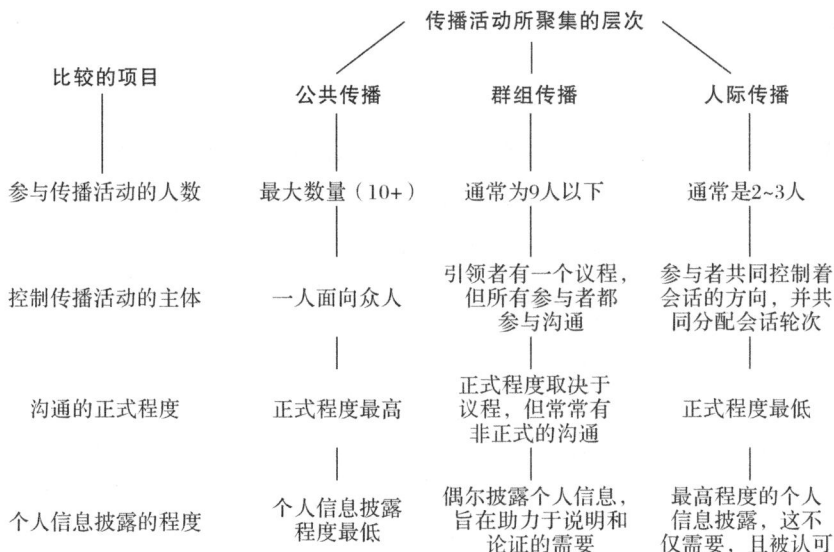

比较的项目	传播活动所聚集的层次		
	公共传播	群组传播	人际传播
参与传播活动的人数	最大数量（10+）	通常为9人以下	通常是2~3人
控制传播活动的主体	一人面向众人	引领者有一个议程，但所有参与者都参与沟通	参与者共同控制着会话的方向，并共同分配会话轮次
沟通的正式程度	正式程度最高	正式程度取决于议程，但常常有非正式的沟通	正式程度最低
个人信息披露的程度	个人信息披露程度最低	偶尔披露个人信息，旨在助力于说明和论证的需要	最高程度的个人信息披露，这不仅需要，且被认可

图 2-1　传播活动所聚焦的层次和比较的项目

　　第二种路径是传播的功能。依照传播管理的目标或任务的策略性（利己）与公共性（利他）程度，可以区分为三种不同的公共传播形态，即共同体传播/社群传播、应用传播和策略传播。应用传播是利他的传播。具体而言，应用传播关注的是媒体与传播如何增进受众（而不是传播者）的总体福利，最主要的实践形态包括健康传播、科学传播、环境传播等。以健康传播为例，健康传播的研究可以有助于我们更多地了解如何设计和实施有效的

---

　　① POWERS J H. On the intellectual structure of the human communication discipline［J］. Communication Education,1995,44(3):191-222.

传播活动,从而传播健康知识,倡导健康的行为模式,预防疾病,建立更和谐的医患关系等。策略传播是利己的传播。具体而言,策略传播关注的是媒体和传播如何有助于提高组织效率,从而增加组织的竞争优势。广告、营销及公共关系等是典型的策略传播活动,有助于更准确地连接企业、产品与消费者,并推动企业与各个利益相关方有效沟通。社群/共同体传播是利群的传播。具体而言,社群/共同体传播关注的是媒体与传播如何生成了社群或共同体。传播和媒体有助于社群或共同体内部持有不同意见的成员之间实现协商和对话,从而增进相互的了解、理解和共识,避免非黑即白的两极对立。因此,传播有助于维系和提升一个有活力的、不断自我更新的社群或共同体。从活字印刷到互联网,每一种新传播技术的出现,都不仅仅是一种更为高效的信息传输工具,而且还意味着社会与政治秩序的生成与再造。这都意味着新传播技术为个人组成社群或共同体提供了社会凝聚和联结的全新可能性和实现方式。

(二)公共传播的宏观社会结构条件

公共传播是发生在宏观社会结构条件中的微观符号和话语互动。若要完整地理解这个命题,我们首先需要搞清楚社会、社会结构等多个关键概念。

首先是社会。简言之,社会是由个体的人所组成的集合体。社会是一群有共同价值、规范和传统的人,为了彼此共同的益处,生活在组织有序的社群当中。同一个社会中的成员往往有相同的政治、文化信仰。在对"社会"的界定中,可能最关键的是"组织有序"这个特征。社会的成员只要共享了社会的基本特征,并不需要在空间距离或者社会距离意义上非常亲近或紧密地相处,就可以算是共同生活在一起。而相似的规范和价值观,有助于将社会成员凝聚在一起,和平安宁地相处,形成特有的社会结构,为社会成员提供某种形式的安全或社会认同。与此同时,成员也需要担当其责任。

其次是社会结构。社会结构(Social Structure)是存在于任何社会中独特且稳定的社会关系之系统,以及一整套约束和规范各类社会关系的文化和制度规范。社会关系和社会制度两者相辅相成,从而将分散的个体凝聚成了彼此联结的社会。社会结构规范了社会成员之间的互动,为实现受文化价值所界定的特定目标,提供了文化规范所能接受的行动指南。总体而言,社会结构有助于维系社会的稳定、安宁和有序。

社会结构有不同的层次及其对应含义。第一,微观层次的社会结构是指个体或群体之间模式化的行动方式。比如发生在家庭、单位等情境里的会话,就显著不同于发生在好友或闺蜜之间的会话。好友、闺蜜之间的会话更为平等,而家庭成员和同事之间会话的等级关系会更为显著。我们日常会话的方式和内容,都会受到文化规范、习俗和惯例等制度结构的影响和塑造。第二,中观层次的社会结构是指受社会地位、收入水平、教育程度等影响而形成的社会分层、社会关系,以及社会网络等。新媒体环境中的圈层传播和群体传播研究,关注的都是中观社会结构中的传播现象。第三,宏观层次的社会结构是指制度和文化规范。制度和文化规范层次的社会结构对于人的行动而言,既意味着约束,也意味着赋能。制度经济学家康芒斯对于"制度"的界定就是"集体行动对个体行动的控制、扩张和解放"。另一位制度经济学家诺斯的界定则是"制度是调节人与人之间、人与组织之间以及组织与组织之间互动的规则"。这两个界定表述不同,但是有内在联系,即都指向存在于个人及关系之外,并对个人行动和社会关系之间的互动产生影响的规则。康芒斯所指的"集体行动(Collective Action)"包含非常广的范畴,从非正式和非组织化的习俗和惯例,到正式和组织化的制度,如家庭、公司、协会、工会、国家等,所有这些都构成了对个体行动的控制、解放和扩张。控制(Control)是指制度构成对个体行动的限制和约束。解放(Liberation)是指制度对个体行动的限制和约束,恰恰给了其他个体能够免于被强制、胁迫、歧视和遭遇不公平竞争的可能,比如劳动合同法等法律制度给了工人缔约自由,则企业主不能强制工人劳动,而工人也有流动的自由。扩张(Expansion)是指制度让个体获得了若非有制度保障则不可为不能为的能力,比如高速公路的驾驶规则使得人们可以获得快速却又保障安全的驾驶速度。

以上微观、中观和宏观三个层次之间,存在彼此互动的关系。比如社会制度会影响和塑造人与人之间确立、维系什么性质的社会关系模式,并进而影响到社会网络的结构和性质。

(三)公共传播作为一种微观层次的符号与话语互动

人始终是处在特定的社会结构语境当中的人。正如查尔斯·霍顿·库利(Charles Horton Cooley)所说,个体与社会是同一枚硬币的两面。而现代社会理论家则提出,社会(社会结构)是通过个体人的行动而创设的。但是,人是在社会结构的语境中行动的。

象征互动主义是微观社会学分析中的一个主要理论路径。如果说社会结构是从个体及其行动之外的行动模式、关系网络和制度规范等来考察外部因素如何影响了公共传播过程,那么符号和话语互动则是聚焦在公共传播中人的情感感受、主观理解、符号意义等个体微观因素的动力机制。象征互动理论认为,在互动中人们回应的并不是客观情境中的自我,而是人们对于该情境的主观界定。早期象征互动理论家威廉·托马斯(William Thomas)曾经提出过一个非常有名的"托马斯定理(Thomas Theorem)":如果我们对于情境的界定为真,那么这种界定本身会产生真实的社会后果①。

通俗地说,托马斯定理的意思是人们行动决策往往依赖主观感知,而非客观真实。我们在很多特定情境里的做事方式,并不取决于当时的客观真实情境是什么,而是取决于我们对于该情境的主观感知。日常生活中有很多这类案例,比如迷信、谣言对于人们行动决策的影响,大抵都是如此。2011年福岛核事故发生之后,由于谣传食盐生产将受到福岛事故辐射的影响,我国发生过抢盐事件。人们抢盐的冲动性购买决策基础,是人们对于食盐安全和价格的主观感知,而不是客观事实。

(四)象征互动理论视野里的公共传播

总而言之,传播是发生在社会结构条件中的符号和话语互动,这一命题是我们提议的理解公共传播的出发点。宏观社会学关注宏大的社会现象,尤其是在社会网络结构和文化制度层面社会问题是如何形成的。微观社会学则关注更小尺度里的社会现象和问题,并探究其与宏观社会结构之间的关联和互动,比如在不同群体内个体之间的交流交往模式。而象征互动理

---

① 原话是:If men define situations as real,they are real in their consequences.

论则是微观社会学路径里的主要理论,强调关注微观、小尺度、面对面的日常互动,并由此来理解人类社会和社会行动。这点和结构主义、功能主义强调关注宏观、大尺度社会组织与现象的特征形成了鲜明对比。

象征互动理论非常关注情感、理解、符号、意义和话语等微观因素是如何影响到人类的互动和彼此理解的。赫伯特·布鲁默(Herbert Blumer)在借鉴乔治·米德(George H. Mead)的思想的基础上,提出了象征互动主义的三个基本原理:人类彼此之间的行动是基于意义的;意义并非内生的,而是源自社会互动;意义会在人们的解释过程中被不断修改和调适①。

象征互动理论的很多理论概念和命题对于我们理解公共传播中的符号与话语互动大有帮助。

第一,公共传播过程是一个动态、涌现和不确定的过程。象征互动理论家米德认为,人的自我意识和认同并不是与生俱来的,而是在与他人的互动过程中被生产出来的。只有通过研究更为微观层面的社会互动,比如语言、符号和人们之间的共享理解等,社会和社会结构才有可能被准确把握。象征互动理论的长处是回到具体社会情境,不是做超越时空的分析,而是强调互动过程,以及由于行动主体对互动情景的解释和意义都可能导致行动结果改变。这也提醒我们一方面要注意静态结构关系,另一方面也要关注动态历史变迁,因而有助于我们了解和理解公共传播过程的动态性和复杂性。

第二,公共传播过程中不同主体的主观理解和意义差异对于有效沟通的重要性。韦伯提出,人们在互动中的主观理解,对于解释人与人之间的行为和互动至关重要。这就意味着,移情的能力是我们在互动中理解他人的核心能力。如果我们不具备或不善于设身处地地理解另一方,或者始终带着自我中心的视角来看问题,那么我们就很难理解为什么一个人会以某一特定的方式行事,这类做事的方式究竟意味着什么,有助于达成何种目的。比如一些伤害妇女权益的事件中,女方当事人为何在遭受了外人看来如此不堪的人身伤害后仍旧不与丈夫分开,我们只有从她的视角才能看到事情

---

① BLUMER H. Symbolic Interaction: Perspective and Method[M]. New Jersey: Prentice Hall, Inc, 1969:88.

的总体面貌,比如也许她在经济上依赖于丈夫、情感上割舍不下,以及传统的家庭价值观念也在影响她等。

第三,沟通情境对于有效沟通很重要。时间和时机、物理空间和社会空间、社会关系、议题文化等语境因素,在特定情境里均可能比个人特征会更大程度上影响到公共传播过程。以公共传播中的社会信任培育为例,欧文·戈夫曼(Erving Goffman)认为情境常态(Situational Normality)是一种社会秩序可预知、可依赖和可辨认的状态①,而社会信任是情境常态的结果,因为信任减少了情境的复杂性,并因此增加了合作的可能性。加芬克尔(H. Garfinkel)也关注了情境常态如何影响人们的信任过程。加芬克尔认为,在情境无法理解、处于非常态的时候,人们往往会警惕而不肯轻易信任对方。而信任则通常发生在常态、有序、合乎惯例或处在恰当秩序的情境中②。此外,社会情境因素中的文化差异以及沟通者对于文化差异的敏感和敏锐,对于良好沟通的展开也至关重要。

基于对以上关键概念的分析,我们可以发现,公共传播管理始终涉及如何解决微观与宏观、个体与群体、特殊与普遍等矛盾。总体而言,目前新闻传播实践的研究对象多以话语、关系、情感等为侧重,偏于微观和个体。

社会生活始终在"竞争-支配""能动-结构"和"微观-宏观"等不同向度中对立统一和普遍联系。对于这些不同向度,承认其中一方,不等于否认另一方,不能各执一端,而需要辩证地来认识。正如英国社会理论家安东尼·吉登斯(Anthony Giddens)的结构化理论所言,社会行动者是在一定的社会制度和结构的制约中行动,其社会行动往往带来行动者意料之外的后果,而这样的后果反过来又形成了影响未来社会行动的社会结构。社会就是这样在持续结构化的过程中被不断创造的③。

---

① MISZTAL B A. Normality and trust in Goffman's theory of interaction order[J]. Sociological Theory,2001,19(3):312-324.

② GARFINKEL H. A Conception of, and Experiments with, "Trust" as a Condition of Stable Concerted Actions[M]//HARVEY O J. Motivation and Social Interaction. New York:Ronald Press,1963: 187-238.

③ KASPERSEN L B. Anthony Giddens:An Introduction to a Social Theorist[M]. Oxford:Blackwell, 2000:51.

■ 二、公共传播的社会功能

对于传播的理解复杂多样，这意味着对于传播功能的界定也会是参差多态。詹姆斯·凯瑞曾经非常扼要地区分了传播的传输论和仪式论①，认为两者的最大差别是传输论视野里的传播要突破空间束缚，实现信息的最大扩散，旨在如同控制机器一样，在复杂社会系统中实现有效的社会控制。而仪式论视野里的传播是要通过分享、参与、结社、团契和共同信念的培育和持有，构建和维系一个规范和包容人类活动的有序且有意义的文化世界，从而实现社会在时间维度上的维系。

传播的传输论只呈现了传播过程的部分真理，对于传播过程的关注偏重在信息内容的生产和传播，而较为忽略信息传播所带来的社会关系后果②。凯瑞提出传播作为仪式活动，是提示我们不仅仅看到传播是信息传输的过程，更是凝聚和联结个体而成为共同体的社会过程。这是凯瑞将传播定义为文化活动的贡献，超越了美国主流传播学者将传播视为一种社会和政治控制的理解。

传播具有多种功能。传播过程不仅仅是表达（Express）和再现（Represent）了现实，而且还生成/生产（Constitute/Produce）了社会现实，并进而生成人的身份，建立和维系社会关系。前者更接近现实主义对于传播过程的理解，而后者则是典型的建构主义视野里的传播过程。现实主义认为，存在一个包括自然和社会在内的、确定的、独立于人的行为与作用的外部世界，而且人类能够通过不断进步的科学方法来认识和描绘这个外部世界。对于新闻事实，现实主义媒介现实观的典型观点是：新闻是"社会的镜子"，是不（能）带任何主观意识和直觉成分对客观现实的真实摹写。

作为一个哲学概念，建构主义认为自然事物的结果本身是能够加以改变并重新安排的。基于这样的哲学立场，建构论对新闻事实的看法和实在论有很大不同。和现实主义媒介现实观坚持新闻事件纷繁现象背后存在确定不移的本质与真相不同，建构主义媒介现实观则认为，新闻只不过是纷繁

---

① CAREY J W. Communication as Culture：Essays on Media and Society[M]. London：Routledge，1989：18.

② BRUNING S D，LEDINGHAM J A. Public Relations as Relationship Management：A Relational Approach to the Study and Practice of Public Relations[M]. Mahwah，NJ：Lawrence Erlbaum Associates，2000：6.

复杂社会现实的冰山一角,是对来自社会现实的事实经过选择、过滤和提纯之后的事实表述。这就意味着,媒介现实只不过是现实世界的沧海一粟。对新闻客观性的认识,建构主义媒介现实观的观点是,科学精确,独立于人的成见、偏见、情感和利益的新闻客观性根本就是不存在的。

(一)反映/再现(Reflect/Represent):公共传播反映和再现社会现实

传播具有反映和再现的功能。符号学传统里的传播研究在这个方向上着力最多。符号是用以指代某物的事物。任何内含有特定意义的文字、图像、视频、物体等现象都是符号。符号学研究人们如何为符号制造和嵌入意义,以及人们如何通过符号及符号系统来反映和再现现实①。与物相关的符号被界定为标识符号(Sign),而与人相关的符号是象征符号(Symbol)。标识符号所指向的通常是可以具体可见和感知的事物,而象征符号所指向的通常是无法或难以可见的抽象事物,比如在司法领域,天平是代表正义这一抽象价值的象征符号等。

传播符号是人与人之间实现相互了解和理解的基础条件。这可以从两个方向来理解。一是传播符号赋予了人们表达意义的能力。中国古文典籍里的名言,如"海枯终见底,人死不知心""常人之心如瓢在水,至人之心如珠在渊",都试图用有形的符号,来表达无形的内心。心或者人的内心世界,是无形、不可见和抽象的,需要通过具体的符号来表达和再现,从而使无形变得有形、能见和具象。二是传播符号也是了解表达者内心的窗口。信息的心理学研究关注的不是传播符号如何表达意义,而是认为传播符号是我们了解和认识传播者内心认知过程和特征等隐匿不彰精神活动的窗口。如果说人的精神活动是一个黑箱,那么传播者使用符号来表达的过程则是可以观察的。因此,信息的心理学理论认为,我们可以通过信息的内容等观察结构和特征,来探究信息生产者的认知结构和过程②。

人生活在自己创造的符号与人文世界之中。传播符号赋予人们表达能

---

① CHANDLER D. Semiotics: The Basics[M]. London and New York: Routledge, 2017: 2.

② POWERS J H. On the intellectual structure of the human communication discipline [J]. Communication Education, 1995, 44(3): 191 - 222.

力和控制感,也调节和约束了人们在日常生活中的所有社会活动。人们借助符号,将特定的意义嵌置在符号当中,然后呈现给自己和他人,使得人与人之间的互动和沟通得以实现。这种能力也赋予了人们控制感。这种控制经由语言等符号才得以实现,因为语言是以符号的形式承载了人们所挑选的意义。当自我呈现为一个承载了意义的符号时,人们就可以如同回应其他符号一样,对自我做出回应。此时,自我也得以显现,就是从无形不可见变得具象可见,而自我控制也因此变得可能①。文化人类学家吉尔茨(Clifford Geertz)曾以蜘蛛织网的比喻,来阐述文化对人行动的塑造,认为人好比是悬挂在由人类自己编织的意义之网上的动物②。人类所建构的文化体系便是这张"意义之网",既赋能于人,也规范着人。以手表为例,在手机普及之后,人们佩戴奢侈品手表的功能在很大程度上已经不再是计时,而是作为文化的载体和表达意义的符号,成了彰显品位、身份或价值的象征符号。

传播还有再现现实(Representing Reality)的功能。传播再现了现实,这不等同于镜像现实。因为再现可能无限地接近于事实,但不是事实本身,也不是事实的全貌,而必定是人为选择的结果。从再现的理论视野来审视新闻报道,则新闻报道并不是对真实事件进行透明中立的,如同镜中映像一样的反映和记录,而是经过了编辑记者的选择、编辑和呈现,是受到诸多社会因素影响之后的社会产出。因此,新闻报道其实不过是"对真相有所选择和取舍的报道"。

现实的社会建构和再现会有其特定的文化和政治后果。事实会影响和塑造信任、权力等各类社会稀缺资源的分配。在传播再现现实的理论视野里,很多传统甚至经典的说法都需要重新审视,比如"事实胜于雄辩""路遥知马力,日久见人心"等。事实胜于雄辩,说的是事实的重要性。但是,修辞学的研究非常详尽和有说服力地阐述了雄辩对于事实确立的重要影响③。而"路遥知马力,日久见人心"等传统文化的智慧也需要重新反思。马力和人心,在这个谚语里都是静态的、有待发现的客观存在。可是,在现实

---

① BURKE P J,STETS J E. Identity Theory[M]. Oxford University Press,2009:10.
② CLIFFORD G. The Interpretation of Cultures:Selected Essays[M]. New York:Basic Books,1973:5.
③ 刘亚猛.追求象征的力量:关于西方修辞思想的思考[M].北京:生活・读书・新知三联书店,2004:91.

生活中,马力和人心并不一定是有待发现的,而是有待培育的。换言之,这是一个动态的、不确定的,且始终在时间维度上不断地被生产和培育的过程。

(二)生成/生产(Constitute/Produce):公共传播生成身份、关系和社会秩序

传播具有生成和生产的功能。传播不仅仅表达了社会现实,而且创造了社会现实。现象学和符号互动论传统里的传播研究在这个方向上的探讨最为丰富。现象学家认为人的意图(Intentionality)是所有意识活动的普遍特征,并且人的经验从来不是孤立的生成过程,而是始终以外部世界为参考。外部世界既包括外部的物质世界,也包括不以物质形式存在的社会和文化世界,比如哈姆雷特等小说里的虚构人物。符号互动论的核心观点是认为互动和意义对于社会的形成与延续至关重要,并由此来理解人类社会和行动。不同行动主体之间不断互动、激发和协商的过程,其间充满了各种不同的应时权变情况,充满了不确定性,因而符号互动论也是反对本质论和决定论的,因为社会行动的结果难以甚至无法事先预知。符号互动论受 20 世纪初美国哲学家和教育家约翰·杜威(John Dewey)等人的实用主义哲学思想影响很多,认为社会学知识应该来自真实社会生活情境中真实的人,而不是抽象、玄妙和远离真实生活情境的理论探讨。总之,现象学和符号互动论都强调社会现实动态涌现、复杂和不确定性。

传播生成了人或组织的身份(Identity),也生成了社会关系,以及作为集体的社会。杜威曾比较早地对围绕沟通与传播如何创设和维系社会做过阐述。杜威认为,社会是在沟通当中得以创立、培育和生成的。沟通和传播的方式,比如语言、话语、展演、传媒等,都反映、创设、维系和塑造了主导的社会和文化实践。在杜威的大部分社会思想中,沟通与传播都占有非常重要的基础地位。对于传播在现代社会之基础地位的讨论聚焦在三个方面:第一,沟通与传播是人类智慧和人类社会得以生成的基础;第二,沟通与传播是人类结社之理想形式(即社群/共同体)的基础;第三,沟通与传播是诊断和解决美国民主制度主要问题的基础。在杜威看来,民主和社群/共同体

是一体两面的同义词。因为民主不仅仅是一种政府和治理的形式,更是一种结社生活或共同交往的主要方式①。

1.在微观层次上,传播生成了个体身份

一是日常生活中个体身份是在与他人互动当中得以生成的。一个人美或丑、智或愚、巧或拙,我们对于自己身份的认识和构建,并不是顾影自怜或面壁冥思的结果,而是源自和他人的互动。《旧唐书·魏徵传》里唐太宗在大臣魏徵去世后所说的名言,"以铜为镜,可以正衣冠。以古为镜,可以知兴替。以人为镜,可以明得失",我们据此可发现,古人很早就知道人的得失功过,是在与他人的互动当中确立的。除在互动中他人反馈的信息会塑造自我的身份认知之外,我们在与他人互动中所用符号也在建构他人对于我们是谁的身份认知。我们所穿的衣服和佩戴的装饰,都会影响他人对我们身份的判断。

二是在公共生活中传播生成公民身份。公共传播是一种建构和塑造公民身份或者称之为共同体成员身份的过程和场所。在传播作为交往活动生成共同体的理论视野(不同于策略传播)里,对于沟通结构及其在认知发展中作用的理解有其重要意涵。这就意味着个体的认知潜能不仅仅是在社会互动中得以实现,而且还在社会互动中得以构建和塑造。在这样的传播理论视野里,民主协商就不能仅仅视为是公民权(Citizenship)的实现,也不仅仅涉及民主协商的设计如何消除自由和平等表达的障碍,而是要将公共协商理解为一种公民权建构和塑造的场所和过程②。鉴于此,公共协商实践被认为是公民既在其中得以实现,也在其中得以锻造的一种特殊公民学校。这种无形公民学校的教育目的不只是特定信念和价值的传承,更是培育自主独立、尚礼贵和、移情合作等公民素养,从而能够以协作努力的方式,参与公共政策制定。

---

① BELMAN L S. John Dewey's concept of communication[J]. Journal of Communication,1977,27(1): 29 - 37.

② ROSENBERG S W. Human Nature, Communication, and Culture: Rethinking Democratic Deliberation in China and the West[M]//LEIB E J,HE B G. The Search for Deliberative Democracy in China. New York:Palgrave McMillan,2007:97.

2.在中观层次上,传播生成了组织

组织传播对于传播生成论的探讨最为深入。组织传播的学术渊源是口语传播和群组传播,多侧重于传播作为本体论的探究,这和大众传播专注于传播效果,多侧重于认识论的研究有非常大的不同。传播生成论的研究多探究沟通传播和话语建构如何生成和塑造组织生活。传播生成论有诸多不同的理论来源,包括言语行动理论、规则理论、系统理论、民族志方法论、现象学、会话分析、框架分析、批判的话语分析、结构化理论、符号学、叙事理论和批判理论。

在传播如何生成组织的理论解释中,究竟何为"组织"是非常关键的一点。因为只有区分清楚对组织的界定,我们才可能更为准确和清晰地理解传播究竟是如何生成组织的。而传播生成组织(Communication Constitutes Organization,CCO)是传播生成论的主要理论路径。在传播生成组织的范式中存在大致三种理论路径,即组织作为物质存在、组织作为过程存在,以及组织作为行动存在①。第一种路径认为组织是一种客观的实体存在。这种路径认为组织是已然形成的实体,其特征和结果通过话语而得以呈现。第二种路径认为组织是一种动态的过程存在。这种路径认为组织是由社会互动之话语和模式特征来塑造的组织过程及其产物。第三种理论路径认为组织是一种扎根于社会实践和话语形式当中的行动存在。

在传播生成论看来,在科层组织内上司与下属之间的沟通中,沟通发生之前,语言可得性(如上司与下属、发话与倾听等)已经预先界定和确立了沟通情境。传播生成论更为关注的不是沟通如何增进组织内的效率,而是沟通活动本身是如何激活了科层组织内的等级关系,赋予组织架构和规章制度以活力,并关注组织是如何通过沟通和传播而成为实体的存在,尤其是如何通过叙事、隐喻、符号等沟通工具而成为有形可感知的实体存在②。因此,传播不只是用于助力实现组织战略目标的工具或手段,也是无时无刻无处不在地参与了组织社会身份和社会关系的构建和维系,参与和塑造了组

① FAIRHURST G,PUTNAM L. Organizations as discursive constructions:Unpacking the metaphor [J]. Communication Theory,2003,14(1):5-26.
② TAYLOR J R,ELIZABETH J. The Emergent Organization:Communication as Its Site and Surface [M]. New York:Psychology Press,2000:35.

织社会行动的谋划和实施①。

3. 在宏观层次上,传播生成了社会秩序

社会秩序是社会科学研究中的一个根本理论命题。因为每个人都不仅仅是以个体人的身份活在世上,而且也是以社会人的身份活在世上。这就必定会涉及在价值和利益不尽相同,甚至存在冲突和矛盾的众生里,人与人之间的相处如何和平安宁,不仅要各自安好,互不相扰,更要和衷共济,天下为公。

在人们寄居的社会文化环境中,现实并不是外在于人的客观存在,而是在群体、社群和文化的过程中建构出来的,而社会文化环境在很大程度上是由象征符号和传播媒体所生成和维系的②。在社会文化路径的传播理论中,我们的理解、意义、规范、角色和规则是在日常互动和沟通中生成的。人与人之间的社会互动,是社会关系得以建立的基础。而互动发生在具体情境里不同身份的人之间,而不是超脱于具体情境的不同人之间。社会文化传统的传播研究认为,沟通和传播是生产、维系、修复和改造社会现实的象征过程。正是在社会现实被生产和维系的微观互动过程中,宏观层面的社会秩序得以被创立、实现、维系和改造。

社会秩序的产生和维系需要克服和解决两个不同的问题,一个是人们如何相互协调(Coordinate),另一个是人们如何彼此协作(Cooperate)③。人们如何相互协调,涉及如何形成稳定且合理的社会预期。每个个体都需要能够协调各自的活动,这就需要他们能够发展出对于他人的稳定预期。比如在路上开车,你只有准确和稳定地预期其他司机会怎样开车和遵守怎样的规则,你才可能平安地行驶在路上。这就需要规则、对规则的遵守和对他人的稳定预期。但是,稳定的社会预期很可能会受到经济快速发展和政治动荡的影响。在中国,20 世纪 90 年代市场化改革之后,出现了大量假冒伪劣、环境污染等市场经济环境里的劣质社会后果,这一定程度上和传统社会的解体及其规则崩溃,导致人们缺乏稳定预期而更容易采取短期行为相关。

---

①　MUMBY D K, KUHN T R. Organizational Communication: A Critical Introduction [M]. 2nd Edition. Thousand Oaks: Sage Publications,2019:37.

②　CRAIG R T. Communication theory as a field[J]. Communication Theory,1999(9):119 - 161.

③　HECTER M,HORNE C. Theories of Social Order: A Reader[M]. 2nd Edition. Stanford University Press,2003:6.

　　人们如何彼此协作则涉及个体的亲社会行为。亲社会行为是人们产生合作和协作的关键。但是，亲社会行为并不是自动产生和维系的。很多时候，亲社会行为的合作，会对涉入其中的个体带来很高的成本。个体与集体之间的利益可能会存在矛盾，比如搭便车的现象。如果社会秩序要建立和维系，人性本恶的倾向就必须得到克服和制约。在什么条件下人们能协调和合作？通过什么样的机制，社会秩序会得以产生和维系？为什么有的群体、城市和社会比其他更有秩序？这些都是传播生成社会秩序相关研究所关注的问题。

（三）交往/协作（Communicate/Coordinate）：传播参与社会联结和社会交往

　　沟通和传播具有在人与人之间建立交往关系，从而实现协调、合作和协作的功能。对于这类功能的探讨，最为集中和深入的是人际传播诸理论。人际传播中的文化语境、情感与情感的社会表达、编码与解码的信息处理过程、身份如何影响和塑造人们之间的交往和协作等，都是影响社会关系之建立、维系或凋败的重要因素。

　　我们都渴望在日常生活中有良好的社会关系。这被认为是人主观幸福感的关键来源。在生活中沟通和交往缺乏的人往往更容易受到各种疾患的困扰。医学研究发现，抛开吸烟、饮酒和锻炼等因素的影响，缺乏紧密社会关系的群体会增加 $2\sim3$ 倍的早亡风险。而在同样压力之下，缺乏支持性社会关系的孕妇，也比获得强支持性社会关系的孕妇要多出 3 倍的可能遭遇孕期不良反应。不过，良好社会关系并不是自然生成，坐等得来的。无论是家庭、夫妻、朋友，还是职场里的同事关系，都需要投入时间、精力和情感，方才可能赢得。

　　沟通和传播如何助力于构建良好的社会关系？这个问题可以从三个方面来考察①。一是沟通和传播生成了社会关系。人们在沟通中回环往复的信息和话语就是生成社会关系的原材料。如同棉布是由一根一根的棉线所

---

　　① VERDERBER K S，MACGEORGE E L，VERDERBER R F. Interact：Interpersonal Communication Concepts，Skills，and Contexts[M]. 14th Edition. Oxford University Press，2016：163.

编织而成的,社会关系也是由一言一语的信息和话语编制而成的。也正如棉布的花色、质地和强度会取决于所织入棉线的品质,而社会关系的性质与类型、亲疏与强弱,也受到沟通所用语料和话语的塑造。二是沟通和传播是实现个人目标和人际关系目标的手段。我们在生活中可能会以请求、建议、商议、承诺、命令、迎合等各种语言和话语的工具来实现个人目标,而个人目标的达成与否,也会影响到我们与他人的人际关系目标,比如确立、改善、强化、淡化、恶化等。因此,沟通和传播在这个过程中近似于工具箱,我们会根据目标、情境、身份等的不同,而选择使用不同的工具。三是人际关系中的沟通和互动也是人际关系性质和质量的外在表征,比如主导、依附、敌友等。我们可以根据沟通中所用语料和话语的特征,来判定关系的亲疏强弱。

可以区分两个层次来看沟通和传播在人际交往和社会协作当中的基础性作用。

首先,在人际关系当中,沟通和传播是人与人交往关系的确立、维系和强化的基础。现代智人不同于低等动物的关键差异在于智人能够创立和使用语言符号。正是通过语言符号,人类得以展开复杂的交流,并借此相互理解和形成共识,从而开展协调、合作、协作以及协同行动。在这个过程中,人的身份和社会关系既受到"文本"的调节,也由"文本"所生成。在探讨语言和话语与社会变迁的关系时,诺曼·费尔克拉夫(Norman Fairclough)提出,话语实践的变革会催生和带动知识(包括信念和常识)、社会关系和社会认同的改变[1]。而这一论断实际上回应了著名语言学家韩礼德(Michael A. K. Halliday)关于语言多重社会功能的阐述,即语言的社会功能包括再现社会现实、建立社会关系,以及创立身份等。杜威也曾提出,语言的核心并不是或者说主要不是对事物的表达,而是伙伴之间通过语言而实现交流、交往和合作。因此,在杜威看来,语言首先是交往与合作的工具[2]。

其次,在超越人际关系之外,沟通和传播是群体之间的协调、合作和协作的基础。沟通和传播旨在协调社会行动。这是杜威、延森(Jensen)等传播理论家提出的重要命题。传播学要研究、理解和解释符号话语世界的问

---

① FAIRCLOUGH N. Discourse and Social Change[M]. Cambridge:Polity Press,1992:9.

② DEWEY J. Experience and Nature[M]. Chicago:Open Court,1925:179.

题及规律,传播学也要研究人类是怎样发明和创造了各种象征符号,并通过使用自己发明的符号,来实现信息和意义的生产和交流,并据此来实现社会关系、社会交往和社会行动的协调与协作。新冠疫情暴发初期,疫情之所以能够在中国这样一个人口高度密集的社会里被控制住,而不是像美国这样感染人数数以百万计,死亡数十万人,主要还是通过将社会不同群体组织和协调起来,从而实现的。这些新冠疫情中的社会协调、合作和协作,其中最为关键的神经网络就是发达的信息基础设施、透明公开的信息生态系统,以及与此伴生的公共沟通制度和规范,它们共同保障和促进了新冠疫情期间,我们可以便捷快速和相对较低成本地实现不同群体之间的信息沟通和社会协作。

具有高级社会秩序和强大社会协作能力的社会,往往在面对社会挑战时有更强的处置能力。蚂蚁、黄蜂和蜜蜂等社会性昆虫长久以来都被认为给了人类一个有序且协作社会的示范范本[1]。蚂蚁会通过分工和协作来获得食物、处理垃圾、处置蚂蚁遗体、繁衍后代等。人类有比昆虫更高强的能力来维系社会秩序和实现社会协作,比如2008年四川汶川地震之后的救灾赈济、2021年郑州水灾发生后的市民自救行动等。当然,人类社会也非常有可能会陷入失序的状态。在公共精神极为缺乏的社会里,人人自利,缺乏社会信任、互助和合作,社会协作就很难发生。

(四)竞争/斗争(Compete/Rival):传播服务竞争和斗争

詹姆斯·凯瑞曾对信息传播过程归纳过两种广被引述的传播观,即传输观和仪式观[2]。传输观以现实主义为本体论,侧重关注信息线性传输模式,即"信源-媒介-受众"。这被称为"信息高速公路"模式,旨在探究信息如何突破空间束缚,实现信息的最大扩散,指向社会影响和控制。仪式观以建构主义为本体论,侧重关注信息和意义共创共享的模式。这被称为"社会剧场"模式,旨在探究传播如何通过分享、参与、结社、团契和共同信念的持有,构建和维系一个有序且有意义的文化共同体,从而实现社会在时间维度上的维系。

---

① HECTER M,HORNE C. Theories of Social Order:A Reader[M]. 2nd Edition. Stanford University Press,2003:3.

② CAREY J W. Communication as Culture:Essays on Media and Society[M]. London:Routledge,1989:13-23.

在凯瑞的基础上,后来研究者提出了第三种传播观,即竞争观或斗争观。以象征互动主义为理论,侧重关注传播如何围绕着事实的界定和解释而展开较量,并基于此争夺社会场域中的主导地位和影响力,这被称为是"社会场域"模式。传播被理解为在公共领域中,各类社会行动者展开的意见竞争。具体而言,是多元主体如何在公共领域里围绕着社会能见度、合法性、主导权和社会信任等展开竞争①。

为什么说在特定情境里,公共传播是一种竞争和斗争?斗争(Struggle)是一种你死我活的博斗,是发生在敌我关系当中。新型战争中的认知战、信息战和舆论战,都可以归类为作为斗争形态的战略传播活动。竞争(Competition)是一种你输我赢的竞赛,发生在平等主体之间的伙伴关系当中。这两种情境里,传播都是一种零和游戏,总量是限定的,彼此占有的份额则是此消彼长的。

这里以意识形态工作中的竞争和斗争为聚焦做讨论。意识形态工作是"奋战在宣传思想战线"。意识形态始终和权力实践交叠互嵌,互为表里。意识形态是服务于非对等权力实践的观念、文化和意义。这是理解意识形态工作是一种斗争的关键。英国社会理论家约翰·汤普森(John Thompson)也提出,意识形态是服务于权力实践的文化。权力,不一定是消极的负面的,也可以是赋能的和建设性的(比如福柯的权力观)。需要警惕的是,权力的过度集中和滥用,而不是权力本身。

由于意识形态的世界观或观念涉及的是对未来社会的一种构想、愿景或信念,因此从这个意义上说,意识形态只有适当或不适当的区分,很难在认知意义上说存在真伪的区分。也正是在这个意义上,雷蒙·盖斯(Raymond Geuss)提出意识形态的真伪问题不是认知层面的真伪,而是功能和生成意义上的真伪②。在功能意义上的真伪,不是指意识形态的观念本身在认知上的真伪,而是指意识形态的观念是如何服务于压制性权力实践,但被压制的人却茫然无知。同样的道理,意识形态在生成意义上的真

① MURDOCK G,PETTS J,HORLICK-JONES T. After Amplification:Rethinking the Role of the Media in Risk Communication[M]//PIDGEON N,KASPERSON R E,SLOVIC P. The Social Amplification of Risk. Cambridge University Press,2003:160-162.

② GEUSS R. The Idea of a Critical Theory[M]. Cambridge University Press,1981:35.

伪,是指意识形态的观念,可能是源自不值得信赖的且不为人所知的秘密,但持守该观念的人却茫然无知。

在批判性意识形态概念里,意识形态及其实践是通过操纵和扭曲的方式来呈现事实,服务于权势集团,从而实现维护其利益和对于弱势集团的宰制关系。法兰克福学派批判社会理论的核心命题是要揭示在资本主义社会里权势集团如何通过文化和意义生产等象征实践来正当化和合法化一个群体或个体对于另一个群体或个体的权力、主宰和剥削关系。

约翰·汤普森认为,研究意识形态就是研究意义如何服务于宰制关系的维系。这是意识形态与强制的分界。权力谋求其合法性和正当性的策略包括推广于己有利的信念和价值观,自然化和普遍化于己有利的价值观和信念,从而将其视为当然和不证自明的常识或真理。与此同时,污名化对于己有利观念和信念的任何挑战和攻击,排斥对于己有利信念和观念构成竞争性的思想,模糊一部分社会现实,如社会冲突或矛盾,以求自利。

鉴于此,批判性意识形态概念里的意识形态作为一种虚假意识,其"虚假"可能有认知意义上的错误、功能意义上的错误和生成来源上的错误等三种不同的含义。与批判性意识形态概念对应的意识形态实践,是一种批判和反思旨在利己和社会控制的权力运作及其潜在问题的社会实践形态。我们可以称之为"批判性意识形态工作"。

福柯对于知识生产与权力实践之间关系的阐述被认为革新了对于权力的传统理解。对于权力的传统理解,认为权力以负面的、限制的、压制的、排斥的和藏匿的方式运作。而福柯认为,权力是一种生产性力量,能够生产现实、生成知识,甚至生成人本身[1]。权力实践无时无刻不在创造知识,反之,知识也始终铺垫和扩散了权力的效果。没有知识,权力将难以作为,而要使知识也不产出权力,也是不可能的[2]。权力通常令掌权者具备优势来获得知识,而知识也时常协助一个人获取权力[3]。

---

[1]　FOUCAULT M. Power/Knowledge:Selected Interviews and Other Writings,1972—1977[M]. The Harvester Press,1980:59.

[2]　FOUCAULT M. Power/Knowledge:Selected Interviews and Other Writings,1972—1977[M]. The Harvester Press,1980:52.

[3]　NAGEL J. Knowledge:A Very Short Introduction[M]. Oxford University Press,2014:26.

■ 三、公共传播的范式比较

总体而言,综合上述内容,我们可以把理解公共传播之社会功能的理论范式区分为三种。

第一种是影响范式。这也是典型的传输论视野里的传播,侧重告知和说服。传播是要突破空间束缚,实现信息的最大扩散,关注通过传播而实现的影响力,旨在改变和控制。

第二种是关系范式。最为典型的是仪式论视野里的传播,重在公共对话、协商和社会生成。传播是要通过分享、参与、结社、团契和共同信念的持有,构建和维系一个规范和包容人类活动的有序且有意义的文化世界,从而实现社会在时间维度上的维系。这一理论范式关注通过传播而实现理解和达成共识,促成利益相关方的协商对话,以语言/符号为媒介的沟通行为,实现各方合意的共识与和谐关系。

第三种是场域范式。这是竞争论视野里的传播,重在事实和意见的竞争和斗争。传播是各类行动主体围绕着事实的界定和解释而展开较量,并基于此争夺公共领域里的能见度、合法性、主导权和信任感。

第三章

传媒是现代社会关键的
文化基础设施

【**本章概要**】与下馆子吃饭、坐高铁出行或上网买东西等产品或服务消费不同,消费传媒的内容和服务会塑造人的心思意念。传媒是在意识形态领域具有显著正向或负向外部性的机构,因而具有高度的政治属性和公共属性。也正因为如此,如同电网、高铁、通信等是一个国家关键的物质基础设施一样,传媒是现代社会关键的文化基础设施。

2021 年 11 月 16 日,中山大学广州校区南校园(康乐园)第三教学楼讲学厅,传播与设计学院(现新闻传播学院)为 2021 级社会科学实验班开设了专业导学课程。这是一个 90 分钟的专业导学课程,我们将课程的名字确定为"深度媒介化社会的新闻学与传播学"。深度媒介化(Deep Mediatization)是指社会及公共生活与媒介和技术深度融合、交织互嵌的状态和过程,媒介因此成为几乎所有社会过程的塑造力量。

笔者的任务是向大一学生介绍传播学学科和专业的情况。不过,笔者不想重复往年的内容。面对刚刚高中毕业不到半年的学生,只用大约 30 分钟,来介绍一个学科的历史脉络、研究前沿和知识谱系,实在是老虎吃天,无从下口。笔者于是决定用 30 分钟只说一个命题,即"传媒是现代社会关键的文化基础设施"。

传媒是关键的文化基础设施并不是新现象,这在前互联网时代即是如此。但是,近 20 年来互联网科技革新推动了现代社会向平台化和深度媒介化社会转型,这使得传媒作为关键的文化基础设施的命题愈发凸显。

■ 一、基础设施、关键的基础设施与关键的文化基础设施

绝大部分学生对于何谓基础设施其实都没有太多了解。笔者曾在课堂上问学生："你知道中山大学南校园每天所用的自来水来自哪里吗？"结果无一人能正确作答。当笔者降低难度，换成选择题（至少可以根据答案选项来猜测），请学生选择时，有大约 3/4 的人选择的是"珠江"。正确答案是"北江"。北江的源头并不在广东省境内，是在江西省赣州市信丰县小茅山。

笔者换了另一个问题："你知道日常生活污水都到哪里去了吗？"少部分人以为是直排进入了珠江。中山大学康乐园里的日常生活污水并不是直排进入珠江，而是先进入污水处理厂，经过处理净化后，才排入珠江。

"基础设施"作为一个概念最常使用在建筑、工程和城市规划领域。此概念是指共同体成员（如城市居民）共享使用的设施、服务及其组织架构，比如道路、桥梁、电力、通信、电网等设施。基础设施的核心特征是公共性。基础设施通常规模巨大，由政府投资建设，服务于公众。

基础设施在多数人心目中如同空气一样，是一种视为当然的存在。因为现代社会的基础设施本来在日常生活中就不易被发现和注意。基础设施的英文是 Infrastructure。Infra 是"下方"的意思，而 Infrastructure 就是在结构（建筑物）下方的设施。事实上，很多基础设施铺设于地下（如给排水、燃气、城市电力等），对普通人不可见。

"基础设施"在现代社会里的含义延伸为提供关键性支撑，但我们往往不会想到。换言之，基础设施是关键性支撑设施。就空间位置而言，很多关键基础设施，比如通信、卫星等，都已经不再是在地下，而是在地上。

关键基础设施是为国家安全、公共安全、国计民生等提供了关键支撑的设施。这里的"关键"，是指基础设施为经济和社会运行、公共安全以及政府的核心职能等提供了根本性支撑。比如通信、能源、电网、金融等重要设施，如果因为自然灾害或人为破坏而陷入瘫痪，则可能会严重危及国家安全和国计民生。

关键的文化基础设施是一个社会里参与和承担了公益性文化事业中文化资源的发掘、活化、传承和创新，以及商业性文化产业中创意、生产和发行

等功能的机构或组织。传媒会塑造人的心思意念,也会生成人、影响人和凝聚人,传媒是在意识形态领域具有显著正向或负向外部性的机构。也正因为如此,如同高铁、电路等是一个国家的关键基础设施一样,传媒是现代社会关键的文化基础设施。

在现代社会里,关键的文化基础设施之"关键"究竟何在?我想可以从内外两个方面来分析。第一,在民族国家内部,文化担负着增进不同群体间的相互了解、凝聚社会共识、构建和培育社会认同、维系社会秩序和安宁、维系社会主流价值体系等重要使命。第二,在民族国家外部,在处理国际政治、国际关系和国际贸易中,文化是一个国家软实力的主要构成部分。国家软实力指的就是运用文化、信息和宣传等所有可以用来在无形中改变人们对世界认知和态度的力量。

二、传媒是关键的文化基础设施

传播学是一门研究事实及其意义之生产、散播及其影响的社会科学。由于互联网技术日益弥漫性地渗入了社会全过程,影响和塑造了各类群体和各个阶层的意志,具体而言包括政商精英、政企管理层以及个体公民的认知、态度和行为,从而影响公共政策、公共治理和消费决策等各个领域里的决策过程,因而传播学被很多人视为是一门日益兴盛的社会科学。

与此同时,传播学也是一门特别需要以马克思主义新闻观和人文价值为价值引领的社会科学。传媒是具有高度公共属性和政治属性的行业。一方面,在个体层面,传媒始终参与、建构和塑造了现代社会中个体生命历程中的精神和意识。与下馆子吃饭、坐高铁出行或上网买东西等其他服务购买不同,消费传媒的内容和服务会塑造人的心思意念。这四个字实际上包含了影响人及其社会行动的四个面向,即情感(心,Heart)、认知(思,Cognition)、意向或态度(意,Attitude)和价值观念(念,Values)。另一方面,在超越个体层面,传媒也始终在人与群体关系的意义上生成人、影响人和凝聚人。传媒会生成人,是指传媒会塑造人的身份、认同、关系等,这是聚焦在时间维度上传媒参与社会的生成、维系和传承等。传媒会影响人,是指传媒会塑造人的认知、态度、信念、价值观和行为等,这是聚焦在空间维度上传媒的社会影响。传媒会凝聚人,是指传媒会协助人们建立和维系社会关系、社会协作和合作等,这是聚焦在社会维度上传媒如何参与人们的社会行动。

传媒是现代社会关键的文化基础设施,这是文化唯物主义理论的重要观点。文化唯物主义的代表人物很多,下面两位理论家的分析,很值得介绍。

1.马文·哈里斯的观点

美国人类学家马文·哈里斯(Marvin Harris)被认为是文化唯物主义理论的奠基人。文化唯物主义认为,从历史性的角度来看,在绝大多数情境里,一个社会物质基础的改变,势必导致该社会在功能上会对其社会和政治结构做出相应的革新,并因此适应性地调整其文化和宗教等意识形态。文化唯物主义的最终目标是要描述勾勒和剖析解释人们日常和公共生活中的文化差异。

文化唯物主义是马克思主义唯物论的延伸和扩展。文化唯物主义对于文化起源和演化的核心观点是认为物质世界影响和塑造了人的行为。马克思的著名论断"存在决定意识",说的就是自然物质世界(存在)如何塑造了人的精神世界(意识)。唯物主义者认为在解释人类的社会现象时,物质世界比精神世界的更重要,而且是决定性的(不同于结构主义、后现代主义等唯心论)。恩格斯1883年在马克思墓前的讲话中提到,"人们首先必须吃、喝、住、穿,然后才能从事政治、科学、艺术、宗教等",也是对这一论断所作出的生动解释。

文化唯物主义是一种社会系统理论。这一理论力图揭示人类的社会文化起源、维系和演化。文化唯物主义对于社会文化有两个基本假设。

第一,社会的各个部分是互嵌和关联的。当其中一个部分发生变化时,其他部分也会随之变化。这就意味着一种制度,比如对家庭制度的分析,就不能与经济、政治和文化制度等割裂。实际上社会理论中的各种理论都认为社会各个部分是关联和互动的,主要的分歧在于对社会各个部分之关联和互动的原理和机制存在不同理解。

第二,社会文化系统的基石是基础设施。马克思提出文化现象可以分为三个层级。①第一层级的基础设施(Infrastructure)。比如技术、人口、生态和经济等环境要素是满足人类需求的最底层基石。②第二层级的社会结构(Structure)。典型的社会结构包括家庭和政治共同体里的社会关系和权力关系结构。③第三层级的上层建筑(Superstructure)。典型的上层建筑是价值观、审美观、文化制度、宗教、哲学、符号与话语等。

2.雷蒙·威廉斯的观点

英国马克思主义文化理论家和思想家雷蒙·威廉斯(Raymond Williams)被誉为"战后英国最重要的社会主义思想家"。

雷蒙·威廉斯提出传播和媒体(简称传媒)对社会过程的参与是原生的,不是次生的。这是现在理解传媒作为关键文化基础设施的核心观点之一。雷蒙·威廉斯认为,对于传媒的一个普遍错误认识,是认为现实(Reality)是原生和第一性的,而对于现实的传播和沟通是次生和第二性的。事实上,现实的生成、描述、扩散和交流,始终是在传播和媒体当中完成,且传媒始终参与和塑造了现实的生成和散播。

雷蒙·威廉斯的一个重要学术贡献是揭示了商业化传媒的内容结构偏向及其反思。他提出,极权体制控制了什么可以说,父权体制控制了什么应当说,而商业体制决定了什么营利就说什么。从这个意义上说,商业体制是另一种形式的暴政。

第一,传媒广告收入占比的提升,推动了传媒双重销售模式的兴起,即卖报+卖人头(读者注意力)。双重销售模式极大地影响了传媒内容的结构。在英国,从19世纪中期开始,随着区域和全国性市场的出现以及与之伴随的零售方式革新,广告日渐成为报刊的主要收入来源。广告逐渐占了传媒收入的1/2甚至3/4,其他收入包括零售或订阅。1900年英国很多发行量超百万份的报刊关门,并不是因为没有读者,而是在财务意义上广告收入不够多(不够挣钱)。

第二,在市场竞争中渐趋走向集中的传媒产业集团化,也影响传媒内容的结构。传媒产品的特征是首份产品成本高昂,但首份产品后的复制品则成本非常低廉。鉴于此,传媒产品的市场规模大小对于传媒企业在市场里的成败至关重要。为了降低生产成本,传媒产业集团化后传媒内容的多元化和丰富性往往都会下降。传媒产业集团化在19世纪就开始了,从印刷商人或家族印刷企业,逐步演化为公司化和集团化传媒企业。

传媒是现代社会关键的文化基础设施,与这个命题在当下最相关联的命题是互联网平台的兴起及其社会影响。与平台化和深度媒介化进程相伴而生的是互联网平台企业权力的崛起。互联网平台企业通过在市场里的自然竞争而获得市场权力。企业的市场权力既表现为垄断企业对于产品和服务的定价权力,也表现为社会影响力。这种影响力超越了市场边界,溢散为塑造平台用户和公众的认知和偏好,从而获得社会影响和舆论动员的能力。

正是在这个意义上,信息检索、社会交往、新闻信息、视频直播、电子商务等互联网平台,被认为具有媒体属性,并不仅仅是普通的科技企业。只不过其媒体属性在功能和程度上,会因平台类型不同而存在差异。这都意味着互联网平台企业影响力的扩大和对其进行规范的必要。

新冠疫情发生以来,各类平台企业发挥资源和专长优势,以各种方式服务于抗疫,贡献卓著。这其中有不少服务(比如健康码、行程码等)已经具备准公共服务的性质。这其实还只是平台企业供给准公共服务功能之冰山一角。互联网平台作为关键基础设施,嵌入新闻、医疗、教育、文旅等各类公用事业和行业,极大地改变了公共服务的组织协作过程。这样的嵌入和融合过程仍旧还在进展之中。

平台企业作为关键的文化基础设施对于公共事务和日常生活具有普遍性影响力。如果企业参与或受托代行了一部分政府的功能,或者创立了具有广泛社会影响的规则,那么企业这些具有公共意涵的行动就必须接受公众的质询和问责,而不能由企业高层管理者闭门决策而定。

互联网不是价值中立的技术,平台也不是价值无涉的基础设施。这必定会带着其特有的规范和价值,渗透进入公共事务和日常生活。我们需要反思这究竟会带来何种社会后果和非意图后果。鉴于此,互联网平台企业作为平台生态的组织和管理者,无论是从硬法的制度规范,还是从软法的道义规范,都需警惕商业逻辑对公共价值的扭曲,积极传播和维系社会主流价值,这是互联网平台企业当仁不让,也是令人敬畏的社会责任。

■ 三、新闻学与传播学专业的学科脸谱及其异同

中山大学新闻传播学院目前有两个本科专业:新闻学与传播学。新闻学和传播学这两个专业分别于 2019 年和 2020 年入选教育部"国家级一流本科专业建设点"。所办全部本科专业均获选,这在国内新闻传播类院系中并不多见。这是自 2003 年学院创立二十年来的重要里程碑。

很多人都问笔者,你们这两个本科专业的区别究竟是什么? 每年中山大学教务处组织的人才培养方案答辩中,也常有评委老师提出这个问题。如果脸谱特征模糊,则意味着学科方向凝练不够。

我们当然有答案。因为新闻学与传播学的脸谱特征和差异是非常鲜明的。这两个专业如同一个家族的"兄弟",自然有着类似或共同遗传特征的专业交集。但是,两者的差异也是非常显著的。如果大家知道交响乐里的渐强渐弱记号,会有助于大家快速地把握和理解两者的差异。

以音乐乐谱里的渐强与渐弱记号来作比喻,可以帮助我们识别新闻学与传播学两个专业的异同。如果把新闻与信息的内容生产和社会影响,类比为两个小节的音符,那么新闻学在新闻与信息的内容生产上是一个渐强的过程。相较而言,传播学则是在新闻与信息的社会影响上是一个渐强的过程。

简言之,新闻学更侧重新闻与信息的内容生产,而传播学更侧重新闻与信息的社会影响。新闻学专业的主干课程,比如中国新闻史、外国新闻史、新闻学概论、新闻采访、新闻写作、新闻编辑、新闻评论、新闻摄影等,大部分是围绕着内容生产而展开。而传播学专业的主干课程,比如传播学理论、传播学研究方法、舆论学、传播效果研究、传播心理学、传播政治经济学、战略传播、公共传播等,则多是围绕着新闻与信息的社会影响而展开。

总之,新闻传播不仅仅是以象征符号为载体的新闻内容的生产和散播,而且高度关切新闻内容在社会互动、社会关系、社会协调和协作等领域里的社会影响和社会后果。传统的新闻工作主要是围绕着故事如何讲述等新闻内容生产和散发而展开,偏重在以象征符号为载体的话语生产实践,而(至少新闻实务)较少关切传媒内容对于受众及其所在社会所产生的社会影响。

关于新闻工作和传播工作的区分,也可以从党的二十大报告里找到答

案。党的二十大报告提出，要"加快构建中国话语和中国叙事体系，讲好中国故事、传播好中国声音，展现可信、可爱、可敬的中国形象。加强国际传播能力建设，全面提升国际传播效能，形成同我国综合国力和国际地位相匹配的国际话语权"。

"讲好中国故事"和"提升国际传播效能"，这是两个有交集但不等同的任务。第一个任务"讲好中国故事"和传媒内容生产、叙事/叙述能力的养成相关。这一任务旨在以生动的形象，而非抽象的概念，来描绘和呈现全面客观的事实原貌和社会现实，尤其是以人的生活际遇和命运跌宕等具象故事为主要对象。这大致和新闻学专业的能力培养任务多有交集。第二个任务"提升国际传播效能"，则更多地涉及如何在国际关系、国际政治和国际商贸等国际公共事务中与各个利益方的沟通交往和协商对话能力，更侧重以抽象的理论概念来理解和解释社会现实，探究社会现象和问题的基本规律，从而为有效沟通交往铺垫基础。这个任务则和传播学专业的能力培养任务更为契合。

概而言之，"讲好中国故事"的任务更接近于新闻工作，和人文学科的亲缘关系更为紧密；而"提升国际传播效能"的任务更接近于管理工作，和社会科学的亲缘关系更为紧密。无论是哪一种工作，都涉及人们对于世界的认识并基于此的行动。而人类认识世界的途径是多种多样的，既可以通过概念推理的逻辑论证，也可以通过具象生动的审美意象。这些不同的方式，只不过是反映和体现了人类不同的精神生活需要。

第二编

公共传播实践

第四章

国际新闻传播作为一门
实践的学问及其意涵

【本章概要】本章以"实践"为核心概念，针对近些年来国内业界和学界提出的一个命题，即国际传播是不同于新闻传播的实践，尝试对该命题的学理内涵做出理论阐释。本章提出，在当代中国，无论是人才培养，还是科学研究，国际新闻传播作为一门不同于且优先于理论的实践学问，都涉及对如何行动才有效且高效，以及应该如何行动的意义探求等实践理性的追问。本章对于国际新闻传播作为一门实践学问的内涵，从实践使命、实践形态和实践情境三个方面做了阐述，并提出国际新闻和国际传播工作的真正区分，是两者分属于认识论和本体论解释框架里各有侧重的实践。最后，本章对国际新闻传播作为一门实践学问的教育启示，做了与课程设置相关的分析。

■ 一、国际新闻传播教育中的实践理性之问

国家形象和声誉日益成为国际关系、国际政治和国际贸易等国际事务中不可轻忽的战略资源。因为良好的国家形象不仅有助于增进国家在国际舞台上的合法性、能见度和接受度，并且有助于增进国家在国际舞台上的发言权和话语权。在全球秩序和治理重构过程中，与全球经济实力转型相伴随的，往往是国家文化实力转型的需要，而国际新闻传播工作正是文化实力转型的重要抓手。

这是我们理解党和国家关于国际新闻传播工作重要相关论述的重要历史语境。2021年5月31日，中央政治局就加强我国国际传播能力建设进行

第三十次集体学习,并提出了国际传播工作的目标,要"讲好中国故事,传播好中国声音,展示真实、立体、全面的中国,是加强我国国际传播能力建设的重要任务"。而 2022 年 11 月党的二十大报告里相关表述更为系统和完整,报告提出,要"加快构建中国话语和中国叙事体系,讲好中国故事、传播好中国声音,展现可信、可爱、可敬的中国形象。加强国际传播能力建设,全面提升国际传播效能,形成同我国综合国力和国际地位相匹配的国际话语权"。

"讲好中国故事"和"提升国际传播效能",这是两个有交集但不等同的任务。第一个任务"讲好中国故事"和传媒内容生产、叙事/叙述能力的养成相关。这一任务旨在以生动的形象,而非抽象的概念,来描绘和呈现全面客观的事实原貌和社会现实,尤其是以人的生活际遇和命运跌宕等具象故事为主要对象。这大致和新闻学专业的能力培养任务多有交集。第二个任务"提升国际传播效能",则更多地涉及如何在国际关系、国际政治和国际商贸等国际公共事务中与各个利益方的沟通交往和协商对话能力,更侧重以抽象的理论概念来理解和解释社会现实,探究社会现象和问题的基本规律,从而为有效沟通交往铺垫基础。这个任务则和传播学专业的能力培养任务更为契合。

概而言之,"讲好中国故事"的任务更接近于文艺工作,和人文学科的亲缘关系更为紧密,而"提升国际传播效能"的任务更接近于管理工作,和社会科学的亲缘关系更为紧密。无论是哪一种工作,都涉及人们对于世界的认识并基于此的行动。而人类认识世界的途径是多种多样的,既可以通过概念推理的逻辑论证,也可以通过具象生动的审美意象。这些不同的方式,反映和体现了人类不同的精神生活需要①。

鉴于此,在人才培养方面,根据国际新闻和国际传播的不同使命和任务侧重,迫切需要厘清国际新闻传播人才培养中的抽象知识、核心能力和教育教学方法论,从而在人才培养的分工上各司其事、各尽其能。在科学研究方面,国际新闻传播研究也面临着如何在全球化的新阶段里,超越国际传播学术研究中欧美西方中心主义的褊狭,以新文科建设为契机,推动中国特色国际新闻传播研究的知识与理论创新。国际新闻传播工作作为一门实践的学

---

① 刘叔成.新编文艺学概论[M].北京:中央广播电视大学出版社,1996:30.

问,无论是人才培养,还是科学研究,所有工作的底层基础都涉及如何行动和为何行动之实践理性的追问。实践理性是运用理性来决定如何行动的理由及其推理。实践理性关注的不仅仅是事实及其解释,而且也关注价值以及何为可欲可为的规范性界定①。

接下来,本章将在第二部分尝试回答为什么说实践是一门不同于且优先于理论的独立学问,在第三部分回答国际新闻传播作为一门实践学问的内涵,并在第四部分提出国际新闻与国际传播分属于认识论与本体论解释框架里各有侧重的实践。在最后一部分,提出国际新闻传播作为一门实践学问的教育启示。

二、实践是一门不同于且优先于理论的独立学问

理论、应用和实践是三门不同且有着各自独立身份的学问。数学、物理和化学被认为是纯理论的学问,只求真知而无涉事功,旨在理解世界而非改造世界。材料、化工等被认为是应用的学问,无志于改造被研究的对象,而是要应用研究对象相关的科学知识来解决人所遇到的现实难题。伦理、法学、政治等社会科学则被认为是实践的学问,不仅仅要理解和解释社会,更要改造社会,从而构建秩序、正义和善好的社会。

不过,在惯常的讨论中,"实践"通常被认为是和"理论"相对的一组概念。实践被认为是要动手做事情的行动,而理论则是理解和解释事物规律的抽象概念。因此,理论是抽象的知识,而实践则是运用知识来解决问题。在这样常见但模糊的理论与实践的关系中,存在三种不同的实践观②。

(一)理解理论与实践关系的三种实践观

第一种,理论与实践是相对立的不同体系。在这种实践观里,实践只是获取感性材料的手段和事后验证认识之真理性的手段。理论与实践之间只存在外在的关联,而无内在关系。这种实践观是在物质与意识这一对立存在之本体论框架里提出的,实践被归类为客观的物质生产活动,而理论则被

---

① MILLGRAM E. Varieties of Practical Reasoning[M]. Cambridge:The MIT Press,2003:3.
② 王南湜.实践观的变迁与哲学的实践转向[J].吉林大学社会科学学报,2002(6):43-48.

归类为主观的意识活动。实践通常被理解为受理论的指导,用以践行理论的行动。依照这样的实践/理论二分,实践并没有自己的理论。

第二种,理论优先于实践。这种实践观不再将实践与理论归类为物质与意识两大系列的存在,而是将理论与实践理解为人的两种活动方式。但是,在这种实践观里,实践是作为理论体系内的一个奠基性范畴,而不是作为理论活动之外的一种现实的存在。这种实践观预设了理论活动具有优先性,并以理论活动的方式来建构实践活动。实践活动依附于理论,是理论的延伸或者实践是理论的影子或投射。这种实践观认为实践是以理论的方式构建起来的。

第三种,实践优先于理论。实践决定了人对世界的认识,并且实践是判定认识之客观真理性的尺度。换言之,实践是检验真理的唯一标准。这种实践观承认理论的有限性和实践不可能全然归结为理论。概而言之,实践是比理论更为宏阔的世界,实践是大概念,而理论是小概念,实践包容了理论。实践活动的丰富、复杂和变化,很难甚至完全不可能在理论中建构出来。

(二)马克思主义实践观的三个特征

第三种实践观正是马克思主义实践哲学的认识。实践哲学是现代哲学的一种主导性学术思潮,囊括了几乎所有反唯心主义而主张回归现实生活的哲学流派。和杜威实用主义、康德思辨哲学等其他实践哲学流派都不同,马克思主义实践哲学的最大特征是在存在论上将实践活动视为第一性的人类活动,在方法论上承认理论活动的有限性,认为理论活动无法囊括和把握人类实践的全部,因而理论活动具有局限性[①]。马克思主义实践观有三个重要特征,本文尝试做如下阐述。

第一,实践与理论是两个紧密关联但不同的异质性世界。理论与实践都是人与世界打交道的活动方式。在此意义上,理论与实践是同根的,但与此同时,两者又具有根本性的差别。理论指向的是知识,而实践指向的是智慧。这个论断一定程度上承袭了亚里士多德关于知识的三分法,即理论

---

①　王南湜.马克思哲学在何种意义上是一种实践哲学[J].马克思主义与现实,2007(1):55-63.

(Theoretical)知识、生产(Productive)知识和实践(Practical)知识①。根据亚里士多德的区分,理论知识旨在探究真理,生产知识旨在创造,而实践知识旨在处理伦理和政治事务。理论与实践的区分并不在于知与行的界分,而在于理论与实践是两种不同使命的活动。理论活动是为求真知本身而求真知,而不是要指导实践。正如希腊人发展出的天文学理论,是要理解世界和天体运动,而不是要指导天体的运行②。

而实践(Praxis)活动则是在道义立场引领之下诚正地做事,旨在增益众人的福利和达致善好的生活。这就是古希腊语 Phronesis 的意思,即基于对客体/他人的理解和尊重而行动的实践智慧。实践智慧不仅仅是选择最优方法和工具的能力,更是做出开明和德性决策的能力。实践智慧有助于带来突破性和创造性思维,使人在复杂情势中得以明辨和善断。因此,实践不仅仅是做事,而且还意味着在与他人/客体的对话和交互中创造创新。

第二,实践具有优先性、奠基性和决定性。马克思揭示了实践对于人类认识世界的决定性意义。马克思主义实践哲学在这一点上的立场,最为鲜明地表现在《德意志意识形态》中。在《德意志意识形态》关于费尔巴哈理论的论述中,马克思和恩格斯进一步发展了《关于费尔巴哈的提纲》中的观点,系统论述了物质生活的生产在人类历史上的基础地位,物质活动和物质关系较之于人的意识的第一性③。实践决定了人对世界的认识及其客观真理性,这“不是一个理论的问题,而是一个实践的问题”,因为认识的真理性只有通过实践才能得以证实。

马克思非常清楚地指出,生产方式不仅仅是物质生产方式,而且是一种个体活动的特定方式,也是一种个体表达的特定方式。在特定的生产方式中,人们不仅生产了特定形态的物质产品,也生产了特定的观念、价值和社会制度。此外,在《政治经济学批判导言》中,马克思提出,“物质生活的生产方式调节了社会生活、政治生活和精神生活的总体过程”。

总之,在理论与实践的关系上,实践具有优先性/第一性、奠基性和决定

①　CARR W,KEMMIS S. Becoming Critical:Education Knowledge and Action Research[M]. Lewes:Falmer,1986:32.

②　陈嘉映.实践/操劳与理论[J].同济大学学报(社会科学版),2014(1):15-23.

③　李乾坤,张亮.《德意志意识形态》费尔巴哈章导读[M].南京:江苏人民出版社,2019:4.

性的地位。理论是源自物质性实践的意识、信念和认识等符号性表述,因而是第二性、从属性和非决定性的。实践产生了理论和理论活动,而理论活动是人类实践活动不可分割的一部分。鉴于此,实践涵括和包容了理论,是比理论更为宏大和更为基础的领域。

第三,理论与实践两者是辩证地联系且统一的。在马克思看来,思想与世界、思想与现实,都已经且始终和人的活动关联①。正是人的活动将思想与世界联系起来,实践定义了人为何物,并且是人区别于动物的关键。正是在这样的背景里,我们才看到马克思在《关于费尔巴哈的论纲》的第 11 条,也是非常著名的一条:以往的哲学家都是以各种方式解释世界,而问题在于改变世界。

实践的学问关注并探究人与社会的关系、交互及行动。实践的学问无法同自然科学的学问一样,科学家可以将自己超然和抽离于研究对象。社会科学作为实践的学问,要求研究者进入社会世界,而社会世界是由其社会成员的意义生产活动来生成、界定和维系的。因为社会科学关注负载意义的社会行动,其主体是具有反思性的人,完全不同于自然与物质世界里的粒子构成。此外,实践学问的理论探究,完全无法做到如同自然科学里的理论研究只求真知而无涉指导实践,实践学问的理论研究最终仍旧会构成对实践活动的影响和塑造。

■ 三、国际新闻传播作为一门实践学问的内涵

国际新闻传播既是一种实践的工作,也是一门实践的学问。这既和国际传播的战略性目标和使命有关,也和国际传播追求有效沟通和传播的技术方法和工具有关,还和国际新闻传播工作需要关注在特定文化和社会情境里,对于什么是可欲可为、应当何为等做出善好判断的规范性价值有关。

鉴于此,笔者接下来将以马克思主义实践哲学为理论视角,从国际新闻传播实践的战略使命(实践使命)、国际新闻传播作为策略行动或交往行动(实践形态),以及国际新闻传播的社会历史情境(实践情境)三个方面,阐述国际新闻传

---

① KITCHING G. Karl Marx and the Philosophy of Praxis[M]. London and New York: Routledge, 1988:29.

播作为一门实践学问的内涵。国际新闻传播的实践内涵如图4-1所示。

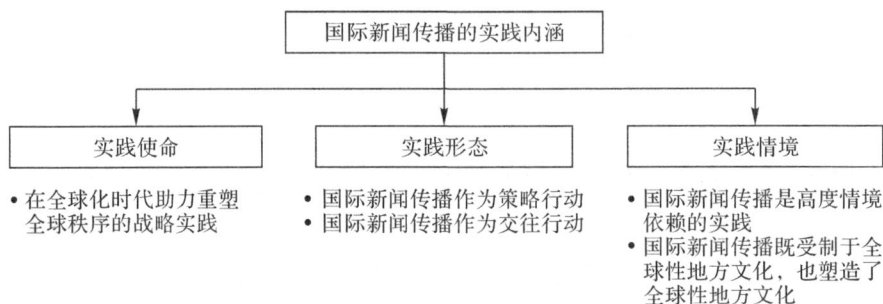

```
                    ┌─────────────────────────┐
                    │   国际新闻传播的实践内涵    │
                    └─────────────────────────┘
           ┌────────────────┬────────────────┐
┌──────────────┐  ┌──────────────┐  ┌──────────────┐
│   实践使命     │  │   实践形态     │  │   实践情境     │
└──────────────┘  └──────────────┘  └──────────────┘
```

• 在全球化时代助力重塑全球秩序的战略实践　　• 国际新闻传播作为策略行动　• 国际新闻传播作为交往行动　　• 国际新闻传播是高度情境依赖的实践　• 国际新闻传播既受制于全球性地方文化，也塑造了全球性地方文化

图 4-1　国际新闻传播的实践内涵

(一)实践使命:国际新闻传播是全球化时代助力重塑全球秩序的战略实践

战略在性质上是追求效用和务实的活动。战略理论在根本上是行动的理论,关注的是如何行动和如何有效地达成预期目标的研究①。"战略"原本是军事术语,在古希腊语中是"将才(Generalship)"的意思,后来其含义拓宽为使用包括军事在内等各种组织化力量来实现政治目标的理论与实践。

国际新闻传播是发生在全球化历史情境里带着战略使命的公共传播实践。国际新闻传播被认为是一种战略传播②。"战略传播"的概念在词源上与战争这种零和博弈的联系,使得战略传播有难以克服的负面意涵,即通过操纵外部环境和公众以求自利,而无视相关利害方的得失③。此外,早期"战略传播"暗含了非对等、单向、自上而下等意涵,但是战略传播后来的实践发展包含了双向对等沟通的意涵。对于国际新闻传播而言,这不仅仅是新闻和信息超越时空约束的外向扩散,也意味着交流交往、吸纳异议、优化决策等信息的内向流动。

近年来国际新闻传播重要性日益凸显的历史背景,使全球化及其带来的经济社会和文化政治等问题日益频繁地显露出来。而经济全球化带来的

---

　　① BAYLIS J, WIRTZ J J, GRAY C S. Strategy in the Contemporary World: An Introduction to Strategic Studies[M]. Oxford University Press,2019:5.

　　② 胡正荣,王天瑞. 系统协同:中国国际传播能力建设的基础逻辑[J]. 新闻大学,2022(5):1-16,117.

　　③ HALLAHAN K,HOLTZHAUSEN D,VAN RULER B,et al. Defining strategic communication[J]. International Journal of Strategic Communication,2007(1):3-35.

市场疆界淡化和融合同化,与民族国家力图保持其文化政治领域里自主和独立,这两者之间的矛盾和张力成为国际新闻传播活动日趋活跃的主要动力。从两次世界大战以及二战后东西方冷战阵营的对峙,我们可以看到16世纪以来全球化回旋曲折进程中两股相互掣肘的力量:一方面是经济全球化推动了全球市场的向心和趋同运动,另一方面是与经济全球化过程中相伴生的文化要素,如民族和民粹主义思潮的活跃等,构成了反对全球化或反思现有全球化路径的离心和趋异运动。

我国国际新闻传播工作的战略性任务是要服务于重建世界秩序和变革全球化进程。过去20年来,金砖国家(BRICS)的崛起及其对冷战后美国单极世界格局的突破,可谓是开启了多中心全球秩序生成和重构西方国家主导的全球化进程。而中美在贸易领域里的摩擦和中美在气候领域的合作,也折射了21世纪初最有可能影响全球化进程的中美两国的冲突、竞争和合作。2012年十八大报告提出"要倡导人类命运共同体意识,在追求本国利益时兼顾他国合理关切"。人类命运共同体理念提出以来,正在成为世界不同文明相处的新范式、全球治理的新思路、国际交往的新观念、区域合作的新方案、中国智慧的新贡献①。

所有这些重建国际秩序和变革全球化进程的新现象和新问题,都预示着国际新闻传播工作迫切需要重新厘清和调整其战略使命的定位,这尤其表现为需要超越传统国际传播聚焦在以传媒为中心的内容生产等微观视野,转向聚焦新时代除传媒之外,囊括商贸投资、国际司法、体育演艺、影视娱乐等各个领域、各种类型国际传播活动带来的社会和政治影响,比如国际传播如何构建或赢得社会认同、合法性/正当性、信任感、社会能见度、文化主导权等。特别是如何将中华优秀传统文化引入全球治理,探索不同于当下西方国家主导下全球化进程的另一种全球化模式和路径,从而为革新全球治理体系做出中国贡献,这都将是国际新闻传播工作服务于全球秩序和治理变革的战略使命。

在马克思主义实践哲学中,实践不仅仅要解释世界,更要改变世界。鉴于此,我国国际新闻传播的战略目标,一方面是在实务领域里,要在宏观层

---

① 王文.人类命运共同体理念十年演进及未来展望[J].中央社会主义学院学报,2023(2):150-160.

面批判、反思和重构目前由西方国家所主导的全球秩序,以利益方平等商议为方法,来探索和构建更为公平正义和永续发展的全球规则、制度和治理等国际秩序。另一方面在研究领域里,则是要批判性地反思二战之后以美国为中心且以服务于美国国家战略和外交政策为任务使命,以现代化、国家发展、发展传播等为理论范式里的国际传播研究①,扭转美国中心论主导之下国际传播研究的偏向②,尤其是对于国际新闻传播研究的话题、方法、问题和术语等学术体系和话语体系所施加的影响③。

(二)实践形态:国际新闻传播旨在告知、影响和理解的策略行动与交往行动

交往是一个抽象的哲学概念。对于"交往"至少存在两种相关但不同的理解:一种是马克思的交往实践,另一种是哈贝马斯的交往行动。

马克思所理解的交往实践更为宏大,囊括了物质交换和精神交流两类不同形态的活动④。马克思主义交往理论的突出特点在于它把交往与生产实践紧密地联系在一起,并将人类社会交往区分为物质交往和精神交往⑤。精神交往的过程和结果,会影响和塑造物质交换/市场交易的过程与结果。

哈贝马斯将社会领域里的人类行动粗略地区分为策略行动和交往行动⑥。尽管马克思从未使用过"交往行动"的概念,但是马克思有关交往实践的阐述(尤其是现代社会的现代性和行动理论)在很大程度上影响了哈贝马斯交往行动理论的提出⑦。策略行动(Strategic Action)是遵循理性选择之规则、受自我利益算计并旨在谋求成功的行动。而交往行动(Communicative Action)

---

① SIMPSON C. Science of Coercion:Communication Research and Psychological Warfare,1645—1960[M]. New York:Oxford University Press,1994:63.

② 赵月枝,邓理峰. 中国的"美国中心论"与中国新闻业和新闻传播学术的发展:与加拿大西蒙-弗雷泽大学传播学院赵月枝教授的对话[J]. 新闻大学,2009(1):39-44.

③ LEE C C. Internationalizing"International Communication"[M]. Ann Arbor:University of Michigan Press,2015:3.

④ 李乾坤,张亮.《德意志意识形态》费尔巴哈章导读[M]. 南京:江苏人民出版社,2019:53.

⑤ 郑召利. 哈贝马斯的交往行为理论:兼论与马克思学说的相互关联[M]. 上海:复旦大学出版社,2002:156.

⑥ HABERMAS J. Theory of Communicative Action[M]. Boston,MA:Bacon Press,1984:286.

⑦ HABERMAS J. Theory of Communicative Action[M]. Boston,MA:Bacon Press,1984:145. 在此书中,直接提及马克思(Marx)的有133处。若将马克思和马克思主义等相关概念合并计算,则有190处。

是行动者各方谋求相互理解的行动。哈贝马斯认为,这两种类型的行动者都会有其各自的目标任务。真正的区分不在于是否有目标导向,而在于行动者各方究竟是通过共识和理解,还是通过操纵和影响,来协调他们各自的目标导向的行动①。交往行动被认为是策略行动的基础和前提条件。

此外,哈贝马斯提出,交往行动的概念并不仅仅是一个学术概念,而是有着深远的政治意涵。因为如果人们无法通过相互了解和理解而实现彼此之间的协调和协作,那么唯一可能的出路就是强制或暴力。策略行动与交往行动的界分,最主要也是最深层的用意就在于此②。基于这样的区分,哈贝马斯提出,只有当进入到沟通情境中的各方都有平等的机会来提议、存疑和辩论各方的倡议,而不依赖于欺骗或操纵来谋取虚假共识,这样的沟通才是合乎道义的。

笔者更侧重在哈贝马斯"交往行动"概念的理论框架里,来理解和区分国际新闻传播实践形态。参照哈贝马斯的分类框架,我们可以将国际新闻传播区分为两种最为基本的实践形态,即策略型国际新闻传播与交往型国际新闻传播。这两种类型的国际新闻传播活动,都需要在充分了解他国公众群体的认知、偏好、态度和情感等微观社会基础的情况下,展开旨在培育、影响和塑造公众心思意念的行动。

1. 作为一种策略行动的国际新闻传播

在这种类型中,国际新闻传播可以被视作一种沟通技艺。技艺(Techne)是一种遵循客观、理性和受控的程序,将潜在构想转化为现实实存的能力。技艺代表了手段与目的、目标与结果之间的关系③。在策略行动的理论视野里,国际新闻传播实践是为实现特定目标的一套工具、方法和手段,通过评估各类国际新闻传播策略及方法的成效和效率,从而优化改进现有的工作。

在策略行动的理论视野里,国际新闻传播作为策略行动的研究,一方面是以告知(Inform)和影响(Influence)为重点的国际传播研究。国际新闻传

---

① JOHNSON J. Habermas on strategic and communicative action[J]. Political Theory,1991(2):181 - 201.

② JOHNSON J. Habermas on strategic and communicative action[J]. Political Theory,1991(2):181 - 201.

③ HALLIWELL S. Aristotle's Poetics[M]. London:Duchworth,1998:50.

播是达成战略性目标的工具,侧重关注自身作为外部力量或因素,是如何影响和塑造人内在的认知、偏好和行动的。另一方面是以制度化和组织化的国际新闻生产与散播为重点的国际新闻研究。这个领域里的研究,特别需要关注的是西方国家新闻简单表面的中立立场是如何维系和保存了现有国际社会权力关系的不平等。正如法兰克福学派理论家马尔库塞所指出的,现实的揭示乃是一种社会过程,这样的过程将能够揭示现实中表面自洽中的矛盾、误解、传闻和谎言①。由于社会的结构性偏向和记者的个体性偏向,记者群体存在有意和非有意地服务于利益集团、散播错误意识形态、扭曲社会现实,甚至散布谣言等问题。

2. 作为一种交往行动的国际新闻传播

在这种类型中,国际新闻传播可以被视作是一种交往实践。交往行动大致包括两个方面。一是互动。互动的具体形式包括对话和协商,是指行动者各方借助语言、话语和传媒等各种介质的中介,既影响作为客体的他人,又影响作为主体的自己,最终达到主体与客体、自我与社会的融合统一。具体而言,在新时代的全球化历史进程中,中国市场与全球市场融合互联和交叠共生日益紧密。国际贸易中的争端仲裁,国际政治中的分歧弥合、国际司法中的制度调适、国际关系中的竞争合作,这些不同领域里都涉及不同国际主体之间的对话和协商等互动沟通交往工作。二是理解。理解指向的是了解和达成共识,涉及事实和意义的生产和交流。国际新闻传播是在跨文化情境里的意义创设和共享,侧重于如何增进全球各国之间的了解、理解和达成共识。它不仅关注国际新闻传播如何作为外部因素影响和塑造人对自己的理解,而且关注人内在的情感、偏好、经验和意义等如何影响和塑造了人们对国际新闻传播的理解。

总之,国际新闻传播分为策略行动和交往行动,国际新闻传播实践既包含了国际公共事务中的信息战、宣传战、心理战、认知战等以服务国家利益为动因的策略行动,也囊括了文艺演出、体育赛事、社会援助、商贸往来、文化交流、文明互鉴等以增进了解理解和善意互信为动因的交往行动。

---

① SALTER L. The Communicative structures of journalism and public relations[J]. Journalism,2005,6(1):90-106.

（三）实践情境：国际新闻传播既受制于同时也塑造了全球性地方文化

马克思主义实践哲学十分强调人的实践活动的社会历史情境。马克思的名言"人是社会关系的总和"以及历史唯物主义的方法，都是在强调要从现实的、具体的和历史的人的概念出发，而不是从观念的、抽象的和静止的人的概念出发来理解人的行动。鉴于此，我们需要在历史、社会和政治的情境中理解和开展国际新闻传播工作。

情境（Context）和场景（Situation）是影响所有类型传播活动过程和成效的关键因素。和人格心理学强调人格特征等个体差异对行为影响不同，社会心理学有一个核心命题，即情境和场景等环境变量往往比个体人格特征对于人们行为的解释能力更强[①]。以宏观结构为考察对象的社会理论也提出，社会行动（Social Action）在本质上是嵌植在特定的物理、社会、文化和感知的情境和场景之中，是高度依赖情境的[②]。因而社会情境和场景会在极大程度上决定着行动者对于行动的意义赋予，以及行动的机会和空间。

而传播学也有相似的理论命题。在媒介生态学（Media Ecology）/媒介可供性（Media Affordance）概念中，媒体作为一种技术形态、社会空间和社会制度均影响和塑造了人开展行动的机会和可能性。不过，社会情境对于沟通和话语实践的影响被认为是间接的，而不是直接的。话语受到社会交往过程中人们对于交往情境之主观界定的调节[③]。

国际新闻传播工作也是高度情境依赖的社会实践。"情境依赖"有两层含义。一方面，情境依赖指的是情境会框限和塑造行动者的行动及其话语。人们的行动会受到社会、文化、政治、技术等各种情境的影响和塑造。具体而言，情境会为一定范围里的行为和行动铺垫可能性和机会，也会排斥其他行为和行动的可能性和机会，但是最终的结果则往往是情境要求和个人偏

① NISBETT R E, ROSS L. The Person and the Situation: Perspectives of Social Psychology [M]. London: Pinter and Martin, 2011: 30.

② KASPERSEN L B. Anthony Giddens: An Introduction to A Social Theorist [M]. London: Blackwell, 2001: 21.

③ VAN DIJK T A. Society and Discourse: How Social Contexts Influence Text and Talk [M]. New York: Cambridge University Press, 2008: 7.

好之间交互作用和折中的产物。另一方面,情境依赖指的是情境会框限和塑造公众对于行动和话语的理解。任何一个观念、事件或事实,只有置放在更大的历史文化与社会政治脉络当中,我们才可能准确和完整地把握和理解其意义。

在国际新闻传播工作中,文化历史、地缘政治与社会经济情境是影响其成效至关重要的情境因素。文化在国际新闻传播工作中既是有效沟通的前提条件,也是国际新闻传播的再生结果。而传媒和传播是全球化时代主要的文化要素。正如英国学者特希·兰塔能(Terhi Rantanen)所说,没有传媒和传播,就没有全球化①。因为全球化进程中的信息、人员、资金等要素的自由流动和交往互动,无一不依赖于传媒和传播而得以实现。

国际新闻传播与全球性地方文化之间持续动态变化的交互关系及其影响,可以从两个方面来分析。

第一个层次是全球性的地方文化作为自变量对国际传播实践的影响。这尤其表现为全球性地方文化对于国际新闻传播内容的传递扩散和公众接收解读的影响。与国内新闻传播工作相比,国际新闻传播最大的不同是在全球范围里跨文化交流和交往的文化异质性程度高并需要高度敏锐的文化调适能力(或文化嗅觉)。在异国文化和社会里,一个人很可能会因为服饰的形态或颜色而非有意地冒犯或尊重了他人。因为在跨文化沟通的情境里,人们所处的习俗惯例、制度规范等文化语境,会在很大程度上影响甚至决定着对于特定举止或行动的解释和意义赋予,而行动者对于自己意图的解释或辩解未必有决定性影响。鉴于此,国际新闻传播的工作若要奏效,需要关注在特定文化和社会情境里,对于什么是可欲的、什么是可为的、什么是我们应当做的等做出善好判断。

第二个层次是国际新闻传播作为自变量对全球性地方文化的影响。这种影响有两种主要的表现。一是表现为对于物质基础设施的影响。亚马逊、苹果、脸书、谷歌和微软等五大互联网企业在很大程度上控制了全球传媒网络平台,也因此赋能或约束了各类国际传播主体的行动机会和可能性。二是表现为对于文化和制度的影响。比如对媒体帝国主义和文化帝国主义

①　RANTANEN T. The Media and Globalization[M]. London:Sage,2005:4.

的相关研究,关注传媒和文化产品在发达国家输出与发展中国家输入这两者之间不平衡的流动,以及国际传媒和文化市场里贸易与交往中的发展中国家与欧美国家之间的不平等权力关系。媒体帝国主义和文化帝国主义理论对 20 世纪六七十年流行一时的现代化理论及发展传播理论,曾做出非常有力且影响广泛的批判性反思。当然,媒体帝国主义和文化帝国主义的薄弱点,被认为是忽略了受众在传媒内容接收和解读过程中的自主性(如反向解读/协商解读)和意义生成能力①。

　　总之,国际新闻传播与文化情境之间的关联互动和相互影响最为紧密。国际新闻传播既被动地受制于全球性地方文化,也主动地塑造了全球性地方文化。

■ 四、国际新闻与国际传播是分属于认识论与本体论视野里的实践

　　为什么国际传播不仅仅是国际新闻,以及如何理解国际传播不同于国际新闻,这两个问题是近些年来国内业界和学界反复提出的问题。在这一节,我们将从国际传播新闻作为一门实践的学问,来尝试对此做出回答。

　　沟通活动关联但不等同于交往活动,这是很多理论家都提出的理论命题。马克思"交往实践"概念里的"交往"包含了物质交换和精神交流两个面向的含义,是将象征符号实践与物质生产实践关联和贯通起来的关键概念,而不仅仅是沟通和交流的含义。延森提出沟通和传播的最终使命在于社会关系和社会行动的协调、协作和合作②。而哈贝马斯也反对将交往行动等同于沟通。因为哈贝马斯将沟通(言语行动)视为媒介或机制,交往行动的参与者经由这样的媒介或机制,得以实现彼此之间的协作和合作。这些相关的理论阐述,可以极大地启发我们重新思考和解释,为什么国际传播不仅仅是新闻传播,以及国际传播为何不同于国际新闻这两个问题。

　　基于对国际新闻传播作为一门实践学问的阐述,笔者尝试对上述问题

---

① TOMLINSON J. Cultural Imperialism: A Critical Introduction [M]. London and New York: Continuum,1991:5.

② JENSEN K B. Media Convergence: The Three Degrees of Network, Mass and Interpersonal Communication [M]. New York: Routledge, 2010:5.

提出一个分析性的解释。概而言之,国际新闻与国际传播分属于认识论与本体论解释框架里各有侧重的实践。"国际传播不仅仅是国际新闻"这一命题的内涵,或者说国际传播不同于国际新闻的关键,在于国际新闻是在揭示事实和真相的情境中,以新闻的发现呈现和解释判断为内容的工作,这是一种以认识和理解世界为使命的认识论视野里的实践。国际传播是在利益方关系管理情境中以问题识别、分析和解决为内容的工作,这是一种以改变和改造世界为使命的本体论视野里的实践。这两种实践类型各有侧重,交叠互嵌,相互作用,共同构成了国际新闻传播工作以实践为本体的特征。

认识论(Epistemology)是关于知识的研究,而本体论(Ontology)是关于存在的研究[1]。不同于旧唯物主义哲学家以物质为本体、唯心主义哲学家以理念为本体,马克思是从社会出发来解释存在、思维和自然,因而选择以实践为本体[2]。马克思的名言"全部社会生活在本质上是实践的"中的"实践"主要指生产劳动。生产劳动作为实践,兼有认识论和本体论两个维度[3]。一是认识论视野中的实践概念,这时"实践"指向的是人与自然关系中的实践(改造和控制自然)。二是本体论视野中的实践概念,这时"实践"指向的是人与社会关系中的实践(改造和变革社会及政治生活)。对两者的具体呈现如图4-2所示。

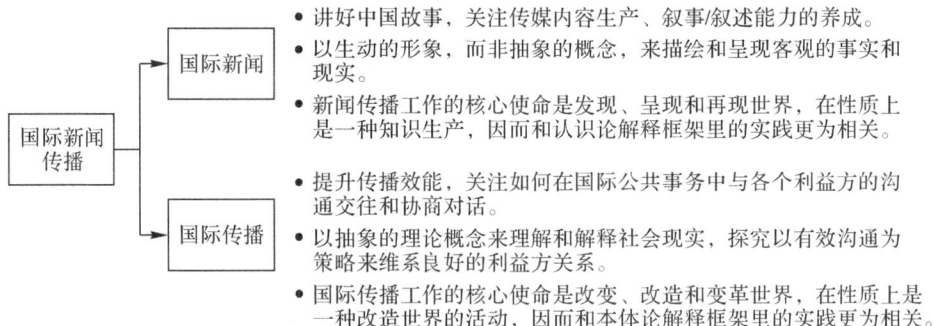

图4-2 新闻传播与国际传播的具体呈现

国际新闻传播
国际新闻
- 讲好中国故事,关注传媒内容生产、叙事/叙述能力的养成。
- 以生动的形象,而非抽象的概念,来描绘和呈现客观的事实和现实。
- 新闻传播工作的核心使命是发现、呈现和再现世界,在性质上是一种知识生产,因而和认识论解释框架里的实践更为相关。

国际传播
- 提升传播效能,关注如何在国际公共事务中与各个利益方的沟通交往和协商对话。
- 以抽象的理论概念来理解和解释社会现实,探究以有效沟通为策略来维系良好的利益方关系。
- 国际传播工作的核心使命是改变、改造和变革世界,在性质上是一种改造世界的活动,因而和本体论解释框架里的实践更为相关。

① EJINAVARZALA H. Epistemology-ontology relations in social research:A review[J]. Sociological Bulletin,2019(1):94-104.

② 鲁鹏.实践在什么意义上可以成为本体[J].东岳论丛,2005(2):29-33.

③ 俞吾金.如何理解马克思的实践概念:兼答杨学功先生[J].哲学研究,2002(11):16-21.

国际新闻工作的核心使命是要发现、呈现和再现世界。国际新闻工作的主体内容包括新闻采访、写作、编辑和评论等新闻实务工作。新闻的发现呈现和理解判断，是一种以再现世界为使命的认识论解释框架里的实践。新闻在性质上是对新近发生事实的叙述和报道①，以及以真实性作为新闻的本质规定及要求②，因而新闻一直被认为是一种"在现实世界中引导人和社会"的知识③，是以象征符号为工具对现实世界的发现和再现。鉴于此，国际新闻工作在根本性质上是一种知识的生产，因而和认识论解释框架里的实践更为相关。

国际传播工作的核心使命是要改变、改造和变革世界。国际传播工作的主体内容是特定任务情境里的问题识别、分析，以及对问题解决方案的制定、实施和评估。传播的工作涉及的是如何处理不同组织或群体之间的关系协调、协作和合作，因而直接关系到社会的生成、维系和沿革。国际传播工作是要改变和改造世界，是要带来改变。国际传播作为一种战略传播实践，以象征符号为载体的社会建构和内容生产，仅仅是其达成最终使命的中间产出，而改变世界，以"人类命运共同体"理念重塑全球秩序，才是国际传播工作最终的实践使命。鉴于此，国际传播工作在根本性质上是一种以改变和改造世界为使命的行动，因而和本体论解释框架里的实践更为相关。

总之，国际传播不仅仅是以象征符号为载体的新闻内容生产和散播，而且高度关切新闻内容在社会互动、社会关系、社会协调和协作等领域里的社会影响和社会后果。"国际传播不是一般的新闻传播"，这种说法暗指传统新闻工作主要是围绕着故事如何讲述等新闻内容生产和散发而展开，偏重在以象征符号为载体的话语生产实践，而（至少新闻实务）较少关切传媒内容对于受众及其所在社会所产生的社会影响。国际新闻与国际传播是在认识论与本体论解释框架里各有侧重的两种实践。国际新闻工作的偏重和偏轻，恰好与国际传播工作的偏轻和偏重，形成强弱互补、相辅相成的格局。

---

① 陈力丹.新闻理论十讲[M].上海：复旦大学出版社，2008：25.

② 李良荣.新闻学概论[M].6版.上海：复旦大学出版社，2018：16.

③ PARK R E. News a form of knowledge：A chapter in the sociology of knowledge[J]. The American Journal of Sociology，1940(5)：669－686.

五、国际新闻传播作为一门实践学问的教育启示

国际新闻传播是一门独立的实践学问,这一命题对于新闻传播教育界的启示,是我们需要平衡理论知识与实践智慧,创新国际新闻传播的实践教育。国际新闻传播工作不仅仅是理解和解释世界,更是改造世界。创新国际新闻传播工作,不仅需要理论知识,更需要实践智慧。理论知识是基于事实、可以证实的信念,而实践智慧则是在现实的任务情境里,融会贯通理论知识、缄默知识和经验,做出合乎社会习俗惯例和制度规范的判断决策,从而使行动具有正当性和合法性的能力。理论知识主要关注是什么和怎么办才是有效且高效的,这是知识要回答的问题;而实践智慧则主要关注我们应该怎么办,这是价值和伦理的问题。没有理论的实践,会因缺乏方向而盲目行动;而没有实践的理论,则像是在沙滩上盖城堡,缺乏坚实的基础。

实践智慧不是可以传授的知识,而是只有通过亲身亲历的过程、体验和觉悟,才能得以培育的一种能力。换言之,这种能力不是可以通过言语传授的知识,而是以深思和自省的方式,来应对实践中无可避免之各种不确定的能力①。厘清国际新闻传播作为一门实践学问的内涵,我们就能更清楚地辨析国际新闻传播教育中的实践教学,重点是在各种不确定情境里的实践推理能力建设。鉴于此,我们提出,如果说实践使命视野里的国际新闻传播关注的是重建全球秩序和治理行动的战略目标,实践形态视野里的国际新闻传播关注的是策略行动与交往行动过程,那么实践情境视野里的国际新闻传播关注的则是影响国际新闻传播成效的历史文化、社会政治和经济技术等情境。这对于国际新闻传播人才培养中的课程设置的启发,可以用图4-3来简要展示。

实践使命视野里的国际新闻传播侧重在宏观和战略层面的破旧立新,聚焦于在重构全球秩序、规则和制度的过程里,尤其是在国际政治中权力运作方法从硬实力转向软实力的转变过程中,国际新闻传播的任务使命和角

---

① KEMMIS S. Phronesis,Experience,and the Primacy of Praxis[M]//KINSELLA E A,PITMAN A. Phronesis as Professional Knowledge. Rotterdam:Sense Publishers,2012:147.

实践使命：全球秩序和治理体系的重塑
相关课程：全球史与世界史、区域与国别研究、国际关系、国际政治，以及国际法等

实践形态：策略行动与交往行动
相关课程：新闻学、传播学、文学与艺术、广播电视与电影、心理学与社会心理学等

国际新闻传播
International Communication

实践情境：历史文化、社会政治与经济技术等情境
相关课程：语言与文化、哲学与宗教、社会学、人类学、信息技术等

图 4-3　对国际新闻传播人才培养的启发

色贡献。与此较为相关的课程是全球史与世界史、区域与国别研究、国际关系、国际政治，以及国际法等。

实践形态视野里的国际新闻传播侧重在策略行动与交往行动过程层面的效用效率，聚焦于国际新闻传播如何在特定物质资源和社会制度约束条件下，取得在工具理性或价值理性意义上的最优结果。与此较为相关的课程是新闻学、传播学、文学与艺术、广播电视与电影、心理学与社会心理学等。

实践情境视野里的国际新闻传播侧重在对文化、历史和社会经济情境的适应和调适，聚焦于国际新闻传播如何在文化价值观念上被认可、接纳和证当。与此较为相关的课程是语言与文化、哲学与宗教、社会学、人类学、信息技术等。

国际新闻传播教育实践性很强，这意味着我们需要在国际新闻传播教育中重视实践理性的培育。因为国际新闻传播不仅仅需要学生掌握各种能力（比如怎么做更容易成功、更容易奏效等），更需要在特定文化和社会情境里，对于什么是可欲的、什么是可为的、什么是我们应当做的等做出善好判断。这也是我们为什么迫切需要在国际新闻传播教育中开展以问题为导向，联动多学科实施高层次人才培养的根本动因。

第五章

意识形态工作的实践
形态及其媒介化转向

【本章概要】2013 年 8 月 19 日，习近平总书记在全国宣传思想工作会议中提出，"意识形态工作是党的一项极端重要的工作"。在现代社会向深度媒介化社会转型过程中，传媒日益成为意识形态工作的重心。但是，目前存在两个突出问题。一是对于"意识形态"概念的理解和使用，仍旧存在着矛盾用法。"意识形态偏见/幻象/渗透"等一些负面消极的词语和"意识形态工作"概念并置，反映出意识形态工作者对于这一概念的不同甚至是矛盾理解。二是意识形态工作的论述多源自宏观社会学及其宏大概念，而对意识形态工作的微观社会基础重视不够。鉴于此，若不辨析和厘清"意识形态工作"概念的含义，并阐明意识形态工作的微观基础，对于做好和改进意识形态工作将不可避免会是一种障碍。在本章，笔者尝试从实践理论的角度出发，以意识形态工作作为讨论的焦点，关注意识形态工作的实践转向和媒介化转向及其对于当下深度媒介化社会里意识形态工作的现实意涵。笔者区分了描述性、批判性和建设性三种意识形态的概念及其实践情境，在此基础上，阐述了意识形态工作的媒介化转向及其实践意涵。

　　传媒在深度媒介化社会里日益成为意识形态工作的重心。深度媒介化（Deep Mediatization）是指社会及公共生活与媒介技术深度融合、交织互嵌的状态和过程，媒介因此成为几乎所有社会过程的塑造力量。传媒日益参与到了日常生活和公共生活中的社会交往、话题的生成、意义及知识的生产传递等社会过程当中，这给意识形态工作提出了重大挑战。

在本章,笔者对意识形态工作的概念做出辨析,区分了意识形态的三种概念及其实践情境,随后简要地阐述了意识形态工作三种实践形态的相互关系以及意识形态工作的媒介化转向,也即在深度媒介化社会里传媒如何在微观的社会基础、中观的技术组织和宏观的社会语境三个方面重塑了意识形态工作的基本条件。

■ 一、意识形态作为一种社会实践及其实践转向

意识形态(Ideology)已经成为一个意涵非常丰富的复杂概念。从 18 世纪末法国思想家崔西(Destutt de Tracy)创立至今,经历了 200 多年的演化嬗变。意识形态的概念不是原创于马克思主义者,其使用和演化也没有止步于此①。但是,在马克思主义涉及文化和观念的所有讨论中,意识形态无疑是一个重要的概念。马克思并没有对意识形态概念做出正式的界定,而且在马克思使用到此概念的不同经典文献中,马克思对于此概念的表述并不连贯和一致。这样的多义性留给了后来马克思主义者很大的发挥空间,而且这也成为意识形态概念一直因情境不同而具有多重含义的重要原因之一。

鉴于此,无论将意识形态界定为是观念体系、虚假意识、理论知识或思想,或者是将意识形态批判作为一种方法,都是对意识形态概念的重要贡献。阿尔都塞(Althusser)认为,还没有完整地囊括意识形态作为一种社会现象的全部内涵。作为一种社会再现的体系,意识形态不同于科学的地方在于意识形态之实践和社会功能的重要性远大于其理论功能(也就是意识形态作为知识的功能)②。在《阅读〈资本论〉》一书中,阿尔都塞还提出了一个新的概念"意识形态实践(Ideological Practice)",提出从社会实践的角度来理解意识形态。"意识形态实践"的概念对于我们理解中文语境里频繁使用的"意识形态工作"的概念内涵和实践情境有着很大的启发。

意识形态工作是一种塑造人们心思意念的社会实践。意识形态不仅仅是观念和信念,更是一种复杂的社会实践。阿尔都塞提出在资本主义体系

①　WILLIAMS R. Marxism and Literature[M]. Oxford University Press,1977:55.

②　MCCARNEY J. The Real World of Ideology[M]. New Jersey:Humanities Press,1981:64.

之下存在一系列不同但关联的"实践",包括经济实践、政治实践和意识形态实践等。经济实践是以自然为原材料转变为具有使用价值之产品的过程,政治实践是以社会行动为原材料转变为社会关系的过程,意识形态实践则是以个体的生活经验为原材料转变为人之信念的过程①。尽管这些社会实践都在一定程度上相对独立,但它们都相互关联并隶属于一个更大的整体,即"社会形态(Social Formation)或社会"。

在马克思主义的学术传统里,意识形态从来就不仅仅是信念和观念,而始终和社会的变革及改造紧密地关联在一起。如同对语言与话语的区分在于语言是静态的符号和结构,而话语是一种运用语言来实现沟通和交往的社会实践,意识形态也是一种运用文化和意义于权力运行的复杂社会实践。意识形态会生成影响和塑造现代社会形态及功能的各种社会角色和社会活动,特别是维系社会权力的结构和运行。如果将意识形态仅仅视为一种精神表征和抽象建构,那将是不准确的和误导性的。因为意识形态无时无刻不在塑造着现实世界,常常是现代社会里各种社会矛盾、冲突和影响深远之历史事件的肇因。

意识形态作为一种社会实践具有微观社会基础。意识形态是深藏于人们心中的信念和意识,因而意识形态始终是无形不可见而难以把握的对象。人的意识和信念如同物理学中的量子,无法直接用肉眼观测其存在,而必须借助其他工具方才得以识别。量子测量会对被测量的量子系统产生影响,导致处于相同状态的量子系统被测量后可能得到完全不同的结果。与此类似,当我们询问他人其信念时,我们询问已经成了对其施加了干预的外部干扰力量,并将致使其立刻发生变化。我们常见的习语,比如"人心叵测"等,都描述了精神世界难以被认识和把握。事实上,人心和行动始终是动态不定的。正如卡尔·波普尔(Karl Popper)所说,在人文世界中,人行动中的意义追寻、反思能力和利益涉入,这些都是人文世界和作为科学研究对象之自然和物质世界截然不同的特征②。

---

① ALTHUSSER L,BALIBAR E,ESTABLET R,et al. Reading Capital:The Complete Edition[M]. London and New York:Verso,2015:409.

② GORTON W A. Karl Popper and the Social Sciences[M]. Albany:State University of New York Press,2016:41.

　　人被认为是同时活在两个世界中,即物质世界和精神世界。17世纪的英国作家托马斯·布朗爵士(Sir Thomas Browne)曾有一句名言:人是真正伟大的两栖生物,既生活在自然物质世界,也生活于由感知、信念、意图等主观意义所构成的精神世界。物质世界是由水、空气、动植物、人造物等有形物质所构成的,是看得见摸得着的世界。而精神世界是无形的,看不见摸不着,但是可以感知得到。精神世界是通过符号、话语和行动等象征符号来识别、察觉、体悟和感知的人文世界。因此,精神世界特别需要借助有形的符号来具象化呈现。意识形态作为无形的观念,总是存在于承载器具当中,尤其是存在于有形可见的个体行动和实践当中。

　　作为学术概念的"实践"不是指日常生活中通过重复地做好一件事以便学习或改进完成特定任务之能力的活动,而是指一种人们普遍参与、具有特定意涵,以及在特定文化中人们普遍熟悉的活动,比如篮球实践、投票实践、宗教实践等。沙茨基(Schatzki)提出在时间上渐次铺开和空间上离散分布的作为和言说汇结于此,即为实践①。实践是将各类活动贯穿组织起来的交汇联结点,而将各类活动贯穿组织起来的纽带则包括对于实践内容(做什么、说什么)的理解、规范实践的规则和准则,以及为实践行动提供参照坐标的实践目的、展望和信念等目的-情感结构②。

　　"实践转向(Practice Turn)"在社会理论中包含几重不同的含义。第一,社会理论中的实践转向是指要在结构与能动的辩证和交互动态中来理解人或组织的行动动因和演化状况。实践理论家主要是希望在结构约束与个体能动之间走出一条中间路线,来理解人的行动。在方法论上,就是汲取方法论个人主义和整体主义的优势,来理解人的行动。换言之,他们希望将人的能动性,也就是人的行动和改变世界的能力,从结构主义和系统模式中解放出来,同时又避免方法论个人主义的陷阱,即把社会现象仅仅视为个体行动的结果,而忽略作为整体的社会对于个体视野、偏好和行动的塑造。因此,实践理论家将人的身体视为人们参与世界的界面。第二,实践转向也意

　　① SCHATZKI T R. The Site of the Social: A Philosophical Account of the Constitution of Social Life and Change[M]. The Pennsylvania State University Press,2002:61.

　　② SCHATZKI T R. Social Practices: A Wittgensteinian Approach to Human Activity and the Social [M]. Cambridge University Press,1996:89.

味着实践在根本上是规范性的。实践理性(Practical Reason)是运用理性来决定如何行动的理由及其推理。实践理性关注的不是事实及其解释,而是价值以及何为可欲可为的规范性界定①。

鉴于此,笔者提出意识形态工作的实践转向具有两重意涵。第一,要重新建立意识形态工作中的微观基础与宏观结构之间的联系、动力和交互影响。这就意味着我们需要更多地关注意识形态工作的微观社会基础、个体动因、情感、话语等因素。与此同时,具体实践的微观研究不应该让我们丢失物质基础设施、社会与政治结构等宏观结构性因素,并赋能和约束微观具体的实践。第二,意识形态工作具有一种实践科学的规范性使命。实践理性融合了工具理性和价值理性,回答了应该怎么办的问题。这也是社会科学不同于自然科学的使命。

二、描述性、批判性与建设性:意识形态的三种概念及其实践形态

在不同的历史阶段,"意识形态"概念之下有非常多不同的理论路径及与之对应的理论概念。比如马克思的商品拜物教、乔治·卢卡奇的物化(Reification)理论、葛兰西的文化霸权(Hegemony)理论、法兰克福学派以及霍尔的文化研究、各种路径里的批判话语分析,以及阿尔都塞的意识形态理论等。凯·尼尔森(Kai Nielsen)还提出,在意识形态与科学之间并不存在必然的矛盾,因为在事物的科学面向与道义面向之间原本是互补而非互斥②。

意识形态研究历史上的很多理论家都曾对这些不同路径里的研究曾做过辨析和梳理,大致区分了意识形态的不同概念以及与之对应的实践类型。约翰·汤普森曾将意识形态概念区分为中性的(Neutral)、批判的(Critical)和隐性的(Latent)意识形态概念③。而雷蒙·威廉斯区分了三种马克思主

---

① MILLGRAM E. Varieties of Practical Reasoning[M]. Cambridge:The MIT Press,2003:3.

② NIELSEN K. The concept of ideology:Some Marxist and Non-Marxist conceptualizations[J]. Rethinking Marxism:A Journal of Economics,Culture & Society,1989,2(4):146-173.

③ THOMPSON J B. Ideology and Modern Culture:Critical Social Theory in the Era of Mass Communication[M]. Stanford University Press,1991:5.

义意识形态概念①,分别是:①意识形态是特定阶级或群体的一种信念体系;②意识形态是一种幻象信念体系,也就是虚假观念或虚假意识,这可以与真实或科学知识形成对照;③意识形态是意义和观念生产的一般过程。雷蒙·盖斯(Raymond Geuss)也曾将意识形态的概念区分为描述性的(Descriptive)、批判性的(Critical)和建设性的(Positive)三个类别②。特里·伊格尔顿(Terry Eagleton)则曾将意识形态的界定区分出了六种含义③。美国哲学家凯·尼尔森提出意识形态的三种界定,分别是描述性的(Descriptive)、争论性的(Polemical)和规范性/修辞性的(Normative/Rhetorical)的意识形态概念④。

综合上述相关文献,笔者提出三种意识形态概念的类型以及与之对应的意识形态实践类型。第一,描述性(中性)意识形态的概念,指向的是意识形态作为一种知识生产或者群体身份认同的信念和观念特征。第二,批判性意识形态的概念,指向的是意识形态作为一种虚假意识。第三,建设性意识形态的概念,指向的是意识形态作为一种旨在增进共同体利益的思想、观念或主张。区分这三类意识形态的概念及其实践类型和情境,对于我们更为清楚地厘清意识形态工作的内容,更完整地理解意识形态工作至关重要(见表5-1)。

表 5-1　意识形态的三种概念及其实践类型和情境⑤

类型	含义	实践类型和情境	代表人物及其观点
描述性	意识形态是关于观念的科学,是一种知识社会学	关注意识形态作为一种群体意识、信念或知识的生产,指向的是意识形态作为一种特定阶级或阶层的群体意识和信念等描述性的工作	崔西:意识形态是关于观念的科学。曼海姆:意识形态是关于思想的知识社会学,重新将意识形态概念设定为中性/描述性概念

① WILLIAMS R. Marxism and Literature[M]. Oxford University Press,1977:55.

② GEUSS R. The Idea of a Critical Theory: Habermas and the Frankfurt School[M]. Cambridge University Press,1981:1-3.

③ EAGLETON T. Ideology: An Introduction[M]. Verso,1991:102.

④ NIELSEN K. The concept of ideology: Some Marxist and Non-Marxist conceptualizations[J]. Rethinking Marxism: A Journal of Economics, Culture & Society,1989,2(4):146-173.

⑤ 作者根据雷蒙·威廉斯、约翰·汤普森和特里·伊格尔顿等人的相关论述做了整理。

类型	含义	实践类型和情境	代表人物及其观点
批判性	意识形态作为工具服务于利己的权力实践和社会控制	关注意识形态消极负面的社会影响,指向的是意识形态斗争和竞争等批判性的工作	马克思:意识形态是虚假意识,是错误和背离政治生活现实的观念;意识形态是作为一种与错误观念论战的概念;意识形态是一套观念体系,表达了统治阶级的利益,是一种虚幻的阶级关系
建设性	宣传思想作为工具服务于利他的权力实践和社会进步	关注意识形态积极正面的社会影响,指向的是宣传思想工作等建设性的工作	列宁:在《怎么办?》中提出了"无产阶级的意识形态"概念

(一)描述性意识形态的概念及其实践形态

1796 年,法国大革命时期思想家崔西在创立意识形态这一概念时,最初的含义是指"观念的科学"。根据崔西所构想的愿景,意识形态是所有科学的知识基础。通过对意识形态的研究,人性因此得到更为充分的理解,并因此根据人的需要和愿景来确立社会和政治秩序。崔西试图在实证基础上建立关于观念和行动的科学,试图建立所有道德和政治科学的基础,聚焦关注的是人的感觉和观念是如何在与所处的物理环境互动中产生的。崔西的这种学术愿景受到 19 世纪法国实证主义运动的影响,试图用自然科学方法中的精准工具,来研究社会和文化现象。

在准确理解意识形态的过程中,马克思主义者中立地强调意识形态乃是一种观念系统以及与之伴生的各类社会实践。这些观念和实践体现了一群人的自我意识和自我形象。马克思主义者认为意识形态的观念和实践在根本上被该社会的生产关系所调节和塑造。生产关系通常构造了该社会的各种利益的表达及其表达方式,并且该社会的生产关系反过来也在根本上受到生产力的调节和塑造①。马克思主义者关于意识形态与生产力及生产

---

① NIELSEN K. The concept of ideology: Some Marxist and Non-Marxist conceptualizations[J]. Rethinking Marxism: A Journal of Economics, Culture & Society, 1989, 2(4): 146-173.

关系之间的联系,是意识形态的描述性面向。

意识形态概念的中性或描述性概念的含义,后来被曼海姆(知识社会学)、阿尔都塞(意识形态理论)、范迪克(意识形态作为一种话语实践)等人继承,他们都曾在中性(Neutral)或描述性(Descriptive)的意义上使用"意识形态"的概念。这一概念及其所包含的意识形态实践,可以称之为描述性意识形态概念和实践。按照汤普森的区分,卢卡奇、曼海姆等人均曾在中性或描述性的意义上使用意识形态概念①。在现代也有不少理论家在描述性或中性的意义上使用意识形态概念②。

在使用描述性意识形态概念的经典作家中,笔者提出可以大致区分出两种路径,即文化实践的路径和政治实践的路径。在文化实践的路径里,曼海姆、范迪克等是典型代表。这一路径偏重从阶级意识等群体身份认同的角度来界定描述性意识形态概念的含义。描述性意识形态是指一个社会群体之社会文化体系的构成部分,可以包括群体成员持有的信念、概念、态度、动机、欲求、价值,可以表现为政策主张、艺术作品、宗教仪式、行为举止等。这是特定社会团体或阶层与其他团体或阶层相区隔和差异化的信念体系,由话语要素和非话语要素构成③。描述性意识形态的功能被认为是接近世界观的,是一套相对系统的观念范畴,成为塑造个体的信念、感知和行动的总体框架。

在政治实践的路径里,塞利格、卢卡奇等人是这一路径里的典型代表。意识形态被认为是"人们用之以定位、解释组织化社会行动等目的和手段的一套观念体系,而无论这类行动的目标是保存、修复、根除或者重建一个特定的社会秩序"。因此,在塞利格看来,所有的意识形态都是行动导向的思想体系,并没有好坏、真伪、开放或封闭、解放或压制等区分。

在描述性意识形态的政治实践路径里,意识形态的功能可以是服务于革命或改良,也可以是服务于改革现有秩序或维护现有社会秩序。阿尔都

---

① THOMPSON J B. Ideology and Modern Culture[M]. Stanford University Press,1990:54.

② THOMPSON J B. Ideology and Modern Culture[M]. Stanford University Press,1990:53.

③ GEUSS R. The Idea of a Critical Theory: Habermas and the Frankfurt School[M]. Cambridge University Press,1981:16.

塞认为意识形态的核心功能是服务于生产关系的生产①,其功能是通过意识形态机器来践行和实现的。这意味着意识形态不仅仅是人们头脑中的观念,而且也是一种经由学校、教会、家庭、宣传机关等意识形态机器和文学、艺术、影视剧等各种文化形态和产品,从而在公众的身份认同和角色认知等生成过程中发挥作用。此外,在政治实践路径里,意识形态或意识形态实践还被视为是一种社会现象,存在于所有的政治活动中。意识形态和意识形态实践未必就是蓄意误导、虚幻虚假,或者与特定集团利益关联捆绑。意识形态之于弱势群体抗争权势集团之宰制的必要性,和权势集团为了维系对弱势群体的主导权之现状的必要,被认为是相同的。

在描述性/中性意识形态的概念及其实践中,意识形态是一门关注群体的观念和信念及其如何影响群体社会行动的科学。意识形态工作是在精神世界里,借助荷载意义的符号、话语和行动等象征符号,旨在影响和塑造人的心思意念的工作。意识形态工作以影响、塑造和培养特定群体共享的观念和信念为目标。这就意味着意识形态不仅仅是对外部世界的理解和解释,而且也是对应该怎么办的构想和规范。而维系社会团结被认为是意识形态的一种核心功能。这既包括服务于社会团结或一部分阶级的团结,也包括服务于阶级利益。所有的社会都需要一套社会再现体系,为社会提供必要的凝聚力,从而使社会得以延续和永续发展。没有这样凝聚力,个体将难以社会化,从而融入社会②。

(二)批判性意识形态的概念及其实践形态

在概念史的溯源里,拿破仑(Napoleon)被认为批判性意识形态概念的最早使用者③。拿破仑使用了崔西的意识形态概念,但赋予了负面消极的含义。在 1800 年的一篇文章里,拿破仑提出意识形态是一种抽象的和臆测的教条,与政治斗争的现实不相符合。拿破仑此后还将其政治对手的思想

---

①　ALTHUSSER L,BALIBAR E,ESTABLET R,et al. Reading Capital:The Complete Edition[M]. Verso,2016:9.

②　NIELSEN K. The concept of ideology:Some Marxist and Non-Marxist conceptualizations[J]. Rethinking Marxism:A Journal of Economics,Culture & Society,1989,2(4):146-173.

③　THOMPSON J B. Ideology and Modern Culture[M]. Stanford University Press,1990:31.

观念都标签为意识形态,并认为是由于意识形态破坏了国家政权和法治基础,才导致了法兰西帝国的衰落。

但是,批判性意识形态作为一个学术概念,以启蒙的理性精神为方法,用来分析社会历史进程和政治斗争实践,则被认为始于马克思。马克思早期在和青年黑格尔派的论战中使用了批判性的意识形态概念。马克思和恩格斯认为,青年黑格尔派高估了价值观和思想观念在历史和社会生活中的地位和作用。在这种使用情境里,意识形态是一种理论教条及其相关活动,青年黑格尔派错误地认为观念在社会和历史进程中是独立且发挥作用的,而没有掌握社会历史演进的真实条件和特征。

总体而言,马克思和恩格斯以及其他马克思主义者,大都沿袭了批判性意识形态的概念、实践以及相关问题。这也是后来批判性社会理论作为一门学科和学派的重要内容。在批判性意识形态的概念里,意识形态是误导、虚幻、偏向、片面的,与社会和政治现实不符合,是在实践中不可能实现的理念或愿景。批判性意识形态实践关注意义是如何在特定的社会历史情境中服务于建立和维系宰制关系的。宰制关系是一种系统性的非对等的权力关系。在批判性意识形态概念里,意识形态被认为是一套有待被批判性或负面审视的价值、意义、思想和信念。之所以如此,存在这样两种原因。

第一,在批判性意识形态概念里,意识形态存在事实错误和认知错误。马克思对于意识形态是虚假意识的界定,在《德意志意识形态》一书中使用了照相机里的镜像比喻,以此说明人的意识与物质条件之间的关系被错误倒置和扭曲。马克思有句非常著名的话,原文是:"假如在全部意识形态中,人们和他们生活的环境的关系就像照相机中一样是倒立成像的,那么这种现象也是从人们生活的历史过程中产生的,正如物体在视网膜上的倒影是直接从人们生活的生理过程中产生的一样。"马克思用这一比喻来描述物质条件与意识之间关系。马克思认为,物质条件决定了人们的意识,人的意识乃是社会历史条件和过程的产物,而不是相反。照相机里人像与物质环境之间关系的倒置,比喻的正是在意识形态中,人的观念意识和社会历史条件及过程之间的关系被错误地倒置了。马克思认为这是一种幻想,是错误的。

马克思分析了意识与物质条件之间关系错置的发生原因,即由于精神劳动和物质劳动的分工,使得精神劳动者误以为思想和观念是独立的存在,不受物质生产过程的约束,并有自己独立的历史和力量。此外,在马克思主义者看来,由于意识形态的维系是为压制性权力实践提供支撑,在这个意义上,意识形态在根源上就是被污染的观念,因而不可能是真实的。

第二,在批判性意识形态概念里,意识形态存在社会功能的错误和生成过程的错误。由于意识形态的世界观或观念涉及的是对未来社会的一种构想、愿景或信念,因此从这个意义上说,意识形态只有适当或不适当的区分,很难在认知意义上存在真伪的区分。也正是在这个意义上,雷蒙·盖斯提出意识形态的真伪问题不是认知层面的,而是功能和生成意义上的真伪。在功能意义上的真伪,是指意识形态的观念如何服务于压制性权力实践,但被压制的人却茫然无知。同样的道理,在生成意义上的真伪,是指意识形态的观念可能源自不值得信赖的且不为人所知的秘密,但持守该观念的人却茫然无知。

在批判性意识形态概念里,意识形态及其实践是通过操纵和扭曲的方式来呈现事实,服务于权势集团,从而实现维护其利益和对于弱势集团的宰制关系。法兰克福学派批判社会理论的核心命题是要揭示在资本主义社会里权势集团是如何通过文化和意义生产等象征实践来合法化一个群体或个体对于另一个群体或个体的权力、主宰和剥削关系。

约翰·汤普森认为,研究意识形态就是研究意义如何服务于宰制关系的维系。这是意识形态与强制的分界。权力谋求其合法性和正当性的策略包括推广于己有利的信念和价值观,自然化和普遍化于己有利的价值观和信念,从而将其视为当然和不证自明的常识或真理。与此同时,污名化对于己有利观念和信念的任何挑战和攻击,排斥对于己有利信念和观念构成竞争性的思想,模糊一部分社会现实,如社会冲突或矛盾,以求自利。

鉴于此,批判性意识形态概念里的意识形态作为一种虚假意识,其"虚假"可能有认知意义上的错误、功能意义上的错误和生成来源上的错误三种不同的含义。与批判性意识形态概念对应的意识形态实践,是一种批判和反思旨在利己和社会控制的权力运作及其潜在问题的社会实践形态,我们可以称之为"批判性意识形态工作"。

(三)建设性意识形态的概念及其实践形态

建设性意识形态的概念也有非常长的演进过程,而且在不同历史阶段的不同理论家,为丰富建设性意识形态概念的内涵做出了不同的贡献。

尽管存在差异,马克思和其他理论家,如韦伯为此后现代思想家关于意识形态作为现代社会之独特特征的理论阐述奠定了重要基础。马克思和韦伯都关注到了工业资本主义的发展和传统社会的价值观念衰落之间的关联性,但是两人对于这种关联性的分析则截然不同。马克思关注的是以剥削为内容的社会关系/剥削关系,在前资本主义社会里是由宗教信仰和传统信念等支撑,但到了世俗化和理性化的工业资本主义兴起之后日益变成了由世俗信念体系(也就是意识形态)所支撑。简言之,马克思关注的是剥削关系的去神秘化(Demystification),并认为这是被剥削阶级实现最终解放的前提条件。韦伯关注的是现代世界里传统价值观的幻灭(Disenchantment),是在西方文明中的一部分传统和独特价值(如神圣和超凡)沉降在日渐理性化和科层化的世俗生活之中。

最早明确地提出建设性意识形态概念的是列宁。1902年列宁在《怎么办?》一书中提出的"社会主义意识形态"被认为是建设性意识形态概念的肇始。列宁认为当时俄国工人阶级的思想信念和立场都与革命所需要的思想信念和立场不相匹配[1]。因此必须像播撒种子一样,由党内知识分子等思想先锋队成员对工人阶级普及正确的无产阶级世界观[2]。这种无产阶级世界观就是"工人运动独立的意识形态",是区别和不同于资产阶级的意识形态。

之后,乔治·卢卡奇和葛兰西都曾经在建设性的意义上使用意识形态的概念。乔治·卢卡奇在《历史与阶级意识》一书中提出,在革命取得成功之前必须将理论与行动融为一体。而且,"意识的兴起必定是历史过程的关键性一步"。无产阶级的意识革命不是经济革命和政治革命的一种伴随现

---

① GEUSS R. The Idea of a Critical Theory: Habermas and the Frankfurt School[M]. Cambridge University Press,1981:23.

② LIH L T. Lenin Rediscovered: What Is to Be Done? in Context[M]. Chicago: Haymarket Books, 2008:4.

象,而是当时无产阶级工人面临的首要问题。正如卢卡奇所描述的那样,当资本主义最终的经济危机发生时,人类的命运将取决于无产阶级意识形态的成熟程度。卢卡奇承袭了第二共产国际的建设性、非批判性的意识形态概念,提出马克思主义是"无产阶级的意识形态表达"。

葛兰西对于建设性意识形态概念的重要贡献是对有机知识分子等概念和问题的讨论。葛兰西实践哲学的三个关键概念是意识形态、文化霸权和有机知识分子。在比较 1917 年相对落后的俄国与相对发达的西欧时,提出意识形态斗争在经济和政治斗争等阶级斗争中的重要性。因为一个阶级的文化领导权(权力)不仅仅依赖于国家机器,而且还高度依赖于通过意识形态斗争,从下层阶级(市民社会)中获取的正当性和合法性。葛兰西对于意识形态的界定不同于其前辈的贡献,更进一步地超越了意识形态作为依附和源自经济条件和生产活动之附带现象的认识,提出意识形态乃是各类社会实践、原则和信条的场域,是生成公民身份和社会行动者的物质和制度条件,因此意识形态具有生成社会现实、社会矛盾或社会危机的生产性功能。此外,葛兰西提出有机知识分子是为需要发声的人们(如工人阶级)发声,并启发人们为值得奋斗的事情而努力的特殊个体,承担了有机意识形态的生产和扩散。

在建设性意识形态概念中,意识形态是一套信念和观念,有着内在自洽的逻辑,并启发特定群体或阶层追寻被认为是正当可欲的政治利益。在建设性意识形态概念里,意识形态的内容仍旧是受到人们动机影响的观念,并服务于实现特定的目标。只不过这里的动机和目标都是被广为认可和具有正当性的,而不是不对等的宰制和权力实践。

卢卡奇在《历史与阶级意识》一书中提出,意识形态是永恒的,因为人在性质上是意识形态动物。在现代意识形态理论家眼中,建设性意识形态更多地与社会动员及赋予文化和身份认同的构建关联在一起。人是始终追寻意义的动物,人的行动始终受到意义的驱动。传统社会里的宗教之所以能够长期存在,很大程度上归功于宗教为信徒提供了生活之目的和意义的解释,并因此为人们提供了行动、目标、理想和价值等方面广被认可的意义模式,也为人的生老病死等重要的生命节点和事件提供了解释。

人有一个根本需求是追寻生活的意义。而建设性意识形态概念所指向的正是这样一种实践,即文化和意识形态如何为人们的日常和公共生活积极地刻入和赋予意义,从而满足人们追寻意义的愿望、需求或兴趣。在这个意义上,建设性的意识形态概念的含义和描述性及批判性的意识形态概念的含义均非常不同。因为描述性意识形态的概念指向的是人们可以去发现或解释的东西,批判性意识形态的概念指向的是人们发现并与之分离和区隔,从而批判的东西,而建设性意识形态的概念指向的不是有待发现的东西,而是有待建构、创造或发明的东西。从这个意义上说,建设性的意识形态对于任何一个特定社会而言乃是人所共欲的必需品[①]。

建设性意识形态的功能包括一体化(Unifying)、激发行动(Action-oriented)、合理化(Rationalizing)、正当化(Legitimating)、普遍化(Universalizing)和自然化(Naturalizing)[②]。而在中国社会里,意识形态还被认为具有丰富普通人精神生活的道德宗教功能。

与建设性意识形态概念相对应的意识形态实践,是一种在超越了国家权力的场域,关注公共参与(非政治参与)和日常生活等社会场域中的观念和意义如何服务于利他权力实践及其影响的学问,我们可以称之为"建设性意识形态工作"。

三、意识形态工作三种实践形态的相互关系及其媒介化转向

(一)意识形态工作三种实践形态的相互关系

这三种意识形态概念及其对应的意识形态实践,并不完全是互斥、矛盾和竞争的关系,而是一种互补、并存和共益的关系。

首先,描述性意识形态的概念和实践,侧重对群体观念、意识和信念的生成过程和结果做出中性或描述性的呈现。这是一种以科学理性为指南的意识形态研究实践,旨在揭示意识形态在不同社会群体中的培育、生成和演化规律。

---

① GEUSS R. The Idea of a Critical Theory: Habermas and the Frankfurt School[M]. Cambridge University Press,1981:23.

② EAGLETON T. Ideology:An Introduction[M]. Verso,1991:45.

其次,批判性意识形态的概念和实践,侧重于分析、揭示主导阶级或统治阶级对于被统治阶级之间不对等的社会关系。这是一种以价值理性为指南的意识形态批判和反思实践,旨在揭示意识形态如何服务于非利他的权力运作和社会控制。马克思主义对于意识形态的基本立场,与其他非马克思主义有关意识形态的论述立场的不同之处,是在于马克思主义认为意识形态存在于阶级社会中,并服务于阶级利益的各类社会和知识建构,以及意识形态通常是通过社会遮蔽来实现其服务于阶级利益的目标[①]。

再次,建设性意识形态的概念和实践,侧重于宣传、培育和倡导意识形态作为工具服务于利他的权力实践和社会进步。这是一种以实践理性为指南的意识形态建设和管理实践,旨在探寻意识形态如何促进社会改造和进步。

总之,马克思主义与非马克思主义对于意识形态概念的阐述各有所长,对于我们理解社会生活均有独到贡献。马克思主义的意识形态研究侧重关注意识形态如何服务于阶级利益和阶级斗争,以及意识形态如何扭曲我们对于自身及我们所处社会的理解,从而服务于特定历史社会中主导阶级的利益。

(二)意识形态工作的媒介化转向

作为社会科学门类之一的传播学,与精神世界相关的意识形态实践一直是其关注的重点。一方面,传媒实践是意识形态工作之微观社会基础的重心。传媒实践关注信息如何影响人(影响论)、传媒如何生成人的身份和关系(生成论)、传媒作为社会场域如何影响各方对于事实界定和解释而展开的竞争(竞争论),以及传媒如何塑造社会行动(实践论)等。另一方面,与现代社会深度媒介化伴生的技术革新与社会结构转型,构成了意识形态工作的基本境况和前提条件。由于深度媒介化对于时间(作为一种社会节奏影响社会互动和关系)、空间(资源在各种空间的分配)和数据(作为知识生产的基础条件)的塑造[②],传媒已不仅仅是一种信息管道,更成了所有社会

---

①　NIELSEN K. The concept of ideology: Some Marxist and Non-Marxist conceptualizations[J]. Rethinking Marxism: A Journal of Economics, Culture & Society, 1989, 2(4): 146 – 173.

②　COULDRY N, HEPP A. The Mediated Construction of Reality[M]. Polity Press, 2017: 106.

行动、交往和互动等社会实践的基本条件。家庭、学校、群团等都是意识形态实践的重要场所,传媒只是其中之一。但是,如同语法结构会约束和赋能人们的言辞表达,传媒作为一种技术结构也时刻在影响着人们行动的机会和可能性。而且,伴随着现代社会的深度媒介化转型,传媒的这种影响日益弥漫和渗透进入了意识形态工作的各个领域,成为了意识形态工作的前提条件和基本境况。

意识形态概念往往难以和政治知识与信念相关的实证研究建立联系。因为意识形态是一个会出现在不同分析层次中的理论概念,比如社会思潮、群体观念或个体价值观等。鉴于此,在不同情境里,由于意识形态的概念可能会跨越多个分析层次,这就很容易出现概念边界模糊的情况。鉴于此,笔者根据微观个体、中观组织和宏观社会等三个不同分析层次,提出理解传媒作为意识形态工作之媒介化转向的三个路径。路径一是微观的社会基础,即在深度媒介化社会里,传媒是意识形态工作之微观社会基础的重心。路径二是中观的技术组织,即传媒作为一种技术组织日益成为意识形态工作的组织方式和过程。路径三是宏观的社会语境,即在深度媒介化社会里,传媒日益成为形塑意识形态工作内容和过程的社会文化语境。

首先,传媒是意识形态工作之微观社会基础的重心。传媒的物质属性(非人为)和符号形式(人为)都有其特有的偏向(Bias),因而会影响和塑造传媒内容的编码、传输、解码和存储等过程。和自来水管、电网等不同,水管或电网不会塑造或改变其承载的内容物,而传媒作为一种信息传播管道,并不是中性或中立的。传媒作为信息渠道,是一个包括物质网络和人文网络的综合体。比如,互联网媒体平台包括服务器、光纤网络和平台企业及其从业者等。传媒始终在人与群体关系的意义上生成人、影响人和凝聚人。传媒会生成人,是指传媒会塑造人的身份、认同、关系等,这是关注在时间维度上传媒参与社会的生成、维系和传承等。传媒会影响人,是指传媒会塑造人的认知、态度、信念、价值观和行为等,这是关注在空间维度上传媒的社会影响。传媒会凝聚人,是指传媒会协助人们建立和维系社会关系、社会协作和合作等,这是关注在社会维度上传媒如何参与和塑造人的社会行动。总而言之,传媒作为一种沟通和交往活动日益成为意识形态工作的微观社会基础。

其次,传媒作为一种技术组织日益成为意识形态工作的组织方式和过程。由于深度媒介化对于时间(作为一种社会节奏影响社会互动和关系)、空间(资源在各种空间的分配)和数据(作为知识生产的基础条件)的塑造,传媒已不仅仅是一种信息管道,更成了所有社会行动、交往和互动等社会实践的基本条件。

再次,传媒作为一种社会制度日益成为支撑和塑造意识形态工作的社会文化语境。深度媒介化是一种个体行动和组织行动的社会条件或境况。这一条件在极大地影响着人和组织的行动选择及其可能性。如今在人们的日常生活和公共生活中,几乎所有的决策和行为都是在深度媒介化这样一种境况和条件里发生的,这将是非常根本性的变革。

第六章

公共卫生危机情境中信息公开
培育公共信任的路径分析

【本章概要】新冠疫情作为一种突发公共卫生危机,疫情发生和发展过程中充满未知、不确定和社会焦虑。在这样的情境里,政府相关决策和抗疫举措的运行效率和效力相当大程度上取决于公共信任水平。基于公共信任,抗疫政令才可能超越命令和强制,赢得公众的志愿遵从和有效执行。本章以新冠疫情期间广州市政府百天里百场新闻发布会的探索性实践为观察案例,从公共信任的三种主要来源,即理性、情感和信任文化,来理解和阐述突发公共卫生危机情境里信息公开培育公共信任的路径。最后,笔者提出用好新媒体带来信息公开的技术潜力,缩小政府信息公开相关法律法规的制度规范与现实工作之间的差距,这在相当长时间里仍将是构建公共信任的工作起点。

新冠疫情作为一种突发公共卫生危机,疫情发生和发展过程中充满未知、不确定和社会焦虑。新冠疫情期间,很多地方启动了突发公共卫生事件一级响应。

如何超越命令和强制,赢得公众的志愿遵从和有效执行?这里面最大挑战恐怕是如何提升公众对于公共部门的信任水平。因为基于信任而非强制的遵从,才会达到决策者所期望的目标,即在绝大多数时候和绝大多数公众中政令能够获得持久有效的效率和效力。

正是在这样的理论脉络中,我们来观察和理解新冠疫情期间,广州市政府在 2020 年 1 月 28 日至 5 月 5 日先后举行了上百场新闻发布会。在存在不确定性和有些焦灼的社会焦虑情境下,广州市政府密集的新闻发布会,及时将疫情进展、防控举措、保障措施等广而告之。在新冠疫情这一典型的突发公共卫生危机情境里,来观察政府信息公开对于培育和构建公共信任的路径,这对于我们理解公共信任的生成过程和机制具有特殊价值。

■ 一、信息公开:强化公众的控制感,弱化风险感知,以增进公共信任

尽管各个学科对于信任的界定存在诸多差异,但目前的共识是信任在本质上是一种愿意暴露自己的脆弱性而承担风险的意愿或行为。信任建立在不完整信息或知识之上,总是涉及风险、未知和对他人动机及行为的判断[①]。在决策中降低了对证据的要求,这是信任有助于弱化风险感知的重要机制。

公共信任是一般化的人际信任,以及对于公共组织及其制度体系的信任,是不同于嵌置在特定人际关系中的特殊信任,因而公共信任是一种非人格化的社会信任。鉴于信任概念的复杂性,本章聚焦风险沟通情境中的公共信任。在风险沟通情境中,公共信任往往会受到政治和社会结构情境的影响。政治结构中的制度化及制度有效运行的组织保障,社会结构中的价值观差异、贫富差距等社会差异和信任文化,以及政治结构与社会结构两者之间的交互影响,是风险沟通中公共信任形成过程中重要的结构性情境因素。

目前大量的研究发现,信息公开有助于增进公共信任。信息易得性会塑造人们的判断,获得媒体大量报道的领域往往被公众感知为重要且可信的[②]。而皮特斯等人的研究发现,风险机构的信息披露水平、信息披露的数量与人们对于风险机构的信任水平之间呈正相关关系,即信息披露水平越

---

① NEWTON K. Social and Political Trust in Established Democracies[M]//NORRIS P. Critical Citizens:Global Support for Democratic Governance. Oxford University Press,1989:169－187.

② MCQUAIL D. Mass Communication Theory[M]. London:Sage,1996:103.

高,接收到的信息越多,公众的信任水平也越高①。

为什么信息公开有助于增进公共信任? 舒尔曼等人的研究提供了一个有说服力的解释。当一个情境中风险感知要远胜于信任(信任即愿意担当风险)时,一个控制系统将有助于缩小社会信任与风险感知之间的差距,其具体路径是信息公开→增进控制感→弱化风险感知→增进社会信任②。鉴于此,高质量的信息公开将有助于增进公众的控制感,通过弱化风险感知,来增进社会信任。而信息公开不足或无效的信息公开(比如对披露的数据,普通人无法有效解读等),将会降低公众的控制感和效能感,从而激发社会不信任。

二、新闻发布会的三种功能:象征性、实质性与工具性

新闻发布会是兴起于大众媒体时代的一种信息公开制度。新闻发布会的首创者是被称为"现代公共关系之父"的艾维·李(Ivy Lee)③。20世纪初叶,事故频发的美国各大铁路公司担心事故报道危及其运营,因而封锁事故消息和避免外传是当时的惯例。但是,到了1906年,艾维·李反其道而行之,尝试了一种新的办法来处理火车事故:面向媒体召开新闻发布会并向记者提供"新闻通稿(Press Release)"。此后的历史进展表明,艾维·李准确地把握了新闻媒体的规律。通过向媒体发布新闻通稿,不仅为铁路公司创造了开放负责的形象,而且新闻通稿也在很大程度上影响了记者的报道内容和报道基调。

从一种创新实践逐步沉积为一种信息公开制度的过程,我们可以发现,新闻发布会在历史演进中逐步显现出三种不同的功能。

首先,新闻发布会具有象征性功能。象征行动(Symbolic Action)是一种表达性行动,这类行动意味着除行动本身所具有的效用价值或内在含义

---

①　PETERS R G,COVELLO V T,MCCALLUM D B. The determinants of trust and credibility in environmental risk communication:An empirical study[J]. Risk Analysis,1997,17(1):43-54.

②　SCHOORMAN F D,MAYER R C,DAVIS J H. An Integrative model of organizational trust:Past, present,and future[J]. The Academy of Management Review,2007,32(2):344-354.

③　NELSON J. Sultans of Sleaze:Public Relations and the Media[M]. Monroe,Maine:Common Courage Press,1989:43-65.

之外,还有社会建构的象征意义①。所有个体或组织的行动都能表达出内在含义和象征意义两个方面,而象征性行动主要是指那些令人联想到行动本身以外的意义的行动。新闻发布会作为一种政府信息公开的具体实践,是一种典型的象征行动,具有主张和表达透明公开的规范性价值的功能。事实上,信息公开对于所有的组织而言都是一种开明自利的实践,因为信息公开不仅满足了公众知情的需要,也增进了组织的公信力,可降低交易成本,提升组织运行效率。

其次,新闻发布会具有实质性功能。象征行动作为一种表达,并不停留在表达和话语层面,无形的话语客观上会产生实质性的社会后果。正如组织社会学家哈奇(M. J. Hatch)所提出的,如同客观事实会塑造人的行为一样,主观的话语和信念也会塑造人们的行为。依照特定制度规范而人为建构的社会现实,如同客观事实一样,其造成的社会后果是真实确切的。话语一旦生成并脱离言说者主体,便获得了其独有的生命和能动性,并因此具备产生不在言说者意料和控制当中的非意图后果或社会影响,这正是新闻发布会之所以会产生实质性社会后果的基本机制。作为政府信息公开和公众参与的一种具体实践,新闻发布会制度所代表的公众知情权和参与权等制度承诺,以及新闻发布过程中公共部门依照社会共享的规范、价值和信念等所做出的话语承诺,有助于倒逼迫政府职能转变,从而促进开放型政府的建设。

再次,新闻发布会具有工具性功能。抛开行动者目的之善恶不论,新闻发布会客观上是一种有助于影响信息生产和流通,实现社会控制的工具或方法②。艾维·李最初为铁路公司创设新闻发布会和新闻通稿的方法来处理企业与新闻媒体的关系,客观上有旨在实现信息控制的目标。通过准备和发布新闻通稿,这个过程主要是为记者采访设定报道议程和新闻框架,而且还为记者提供了强调突出何种信息、忽略淡化何种信息的框架。20世纪初在特定历史情境里即兴创新的公关活动,经过长时间的实践,已经被新闻

---

① ERNEST E B. Symbolic Action Theory and Cultural Psychology[M]. New York: Springer-Verlag, 1991:53.

② 邓理峰. 声音的竞争:解构企业公共关系影响新闻生产的机制[M]. 北京:中国传媒大学出版社, 2014:151.

媒体和新闻信源各方接纳,并逐渐模式化和制度化,成为彼此认可的交往规范。

然而,在 21 世纪初,新闻发布会作为一种制度,其物质和社会基础日益受到互联网新媒体技术的冲击。被创立和广为沿用 100 多年后,尤其是 2010 年前后社交媒体兴起之后,新闻发布会作为一种信息公开制度出现了衰微的迹象。一方面,越来越多的企业(尤其是互联网企业),开始尝试选择通过自己控制的新闻和信息发布通道来发布重要新闻和信息。腾讯、阿里巴巴、京东等互联网企业在近年来重大新闻和信息发布过程中,都日渐少用新闻发布会,而转向使用企业自有媒体。另一方面,近十年来出现了一系列新闻发布会遭遇"失败"的案例。

探究其原因,既有传统新闻媒体作为公众获取新闻和信息渠道的垄断地位日益被社交媒体侵蚀甚至取代,以及传统新闻媒体的新闻生产和发布方式难以适应新媒体环境里社会加速的新挑战的缘故,也有在 2010 年社交媒体兴起后的环境里,新闻发布会作为信息控制手段效力日渐下降的缘故。

回溯历史,100 多年前艾维·李创设新闻发布会无疑呈现出非常显著的进步意义,因为这一实践极大地推动了各类组织从封闭走向透明开放。这不仅推动了企业治理和公共治理,也培育生成了整个社会的透明文化。在互联网新媒体环境里,新闻发布会的具体技术或形式不可避免地会经历偏废破立的重塑,但新闻发布会所象征和彰显的透明开放精神,无疑仍将继续传承发扬,并发挥其应有的作用。这也是为什么作为公共部门的各类政府始终将新闻发布会作为至关重要的信息公开、沟通公众的方法,这也是培育和巩固公共信任的重要制度保障。

■三、基于理性、情感和信任文化的公共信任：新闻发布会培育公共信任的路径

接下来从公共信任的三种主要来源,即源于理性、情感和信任文化,来理解和阐述新冠疫情期间广州百场新闻发布会对于培育公共信任的影响。

首先，新冠疫情中新闻发布会的事实供给有助于培育基于理性的公共信任。

基于理性的公共信任是指公众对于公共部门权威、组织和制度体系的信任，是源自公众对相关信息和知识的充分掌握而做出的理性决策。换言之，公众对公共部门的信任不是出于无知的盲目，恰相反，是出于知情的选择，是在掌握和了解相关信息基础上做出的决策，愿意在不确定和未知情境里暴露自己的脆弱性并选择担当潜在的风险。

鉴于此，基于知情决策的公共信任是一种策略性信任。这和不依赖于理性评估而基于道义及情感的信任非常不同。理性选择理论认为理性的个体会在评估成本、收益和实现目标的概率等基础上做出决策[1]。因而理性选择理论认为，行动者的行动选择是追求最大化收益的结果，或者是在现实条件制约之下的偏好结果。基于理性的公共信任研究有一个基本的理论假定，即信任是基于人的认知且认知先于信任行为。基于理性的公共信任有一个前提条件，是施信者能够充分掌握潜在成本和收益以及受信方可信度等信息，而新闻发布等信息公开是公共信任得以生成的前置条件。

新冠疫情期间广州百场新闻发布会中，总计有 410 家单位以及 624 名发布人参与共同发布，发布会的主题集中围绕在医疗卫生、交通、教育和民生等疫情防控相关主题和复工复产进度主题上。围绕着疫情防控、复工复产复学等主题，广州百场新闻发布会及时准确的事实供给，为公众在高度不确定性情境下应对这场突发公共卫生危机铺垫了扎实的信息基础，避免了因为社会恐慌而出现的各种可能的次生风险事件发生（见表 6-1）。广州百场新闻发布会的探索及其成效，也再次证实了前述的相关研究发现：高质量的信息公开有助于增进公众的控制感，通过弱化风险感知，来增进社会信任[2]。

---

① HEATH J. Rational choice as critical theory[J]. Philosophy and Social Criticism, 1996(22): 43-62.

② SCHOORMAN F D, MAYER R C, DAVIS J H. An integrative model of organizational trust: Past, present, and future[J]. The Academy of Management Review, 2007, 32(2): 344-354.

表 6-1　新冠疫情期间广州百场新闻发布会的主题

发布会主题	细分主题	发布会数量(场)
疫情防控	医疗卫生保障、交通防疫防控、教育防疫防控、社区村居防疫防控、科技战疫、各区防疫防控等	35
复工复产	全市及各区企业复工复产进展、一线复工助力抗疫故事等	31
暖心举措	介绍广州扶持企业、关心教育、关爱医生、帮扶老幼等举措和成效	17
回应国际关切	对"病毒发源于中国"等说法予以回击,呼吁国际社会加强抗疫合作	5
涉外疫情	对涉外疫情及时答疑,举办"企业＋智库专家＋非洲商会负责人""抗疫英雄＋留学生代表"等新闻发布采访活动,对外讲好中外合作友好故事	12

目前国内公共传播业界对于信息不公开激发社会不信任的认识仍旧不足,尤其是对信息公开和公众意见咨询等公众参与活动,既有助于优化和改进决策,也有助于提升决策的民意基础和决策合法性的认识不足。对于相关法规或条例所规定的信息公开和公众参与要求,仍旧普遍存在流于形式或象征性使用的情况。用好新媒体以降低信息公开的成本和门槛,缩小政府相关法律法规对于信息公开和公众参与的制度规范及承诺与现实工作之间的差距,在相当长时间里仍将是消除公共沟通中社会不信任的工作起点。

其次,新冠疫情期间存在高度不确定性和社交焦虑情境,新闻发布会及时回应公众的关切,与公众在情感上共鸣共通,有助于培育基于社会关系和情感的公共信任。

公众与公共部门之间的情感联系和关系状态,会影响公众对于政府决策正当性和合法性的感知,并会影响公众遵从政府权威及其政令的责任感之强弱。缓解新冠疫情中的社会焦虑,需要的不仅仅是理性和事实,同样需要政府与民众在情感上同声相应、同气相求、共鸣共通。

在疫情初期,民众担心粮油日常必需品能否及时有效供给,在春节假期结束后担心复工复产高峰节点是否会导致疫情扩散,在国内疫情相对和缓时担心境外疫情输入,在广州出现了出租车司机感染案例后担心公共交通成为疫情扩散中介等不同阶段,广州市政府针对民众的关切点分别安排专题新闻发布会。广州百场新闻发布会的最大特点是"公众关切,政府回应",不是政府为社会设置议程,而是以老百姓最关心、最期待和最忧虑的内容,作为政府的工作方向和新闻发布的内容(见表6-2)。

表6-2　广州百场新闻发布会的发布形式

发布场所类型	具体场所	数量(场)
活动现场	活动现场包括医院、学校、社区、工厂、商场、书店、游船、写字楼、科研机构、剧场等,将新闻发布会与故事会、座谈会、见面会、调研采访、文艺讲演等不同形式的新闻和信息发布融合	30
发布会场	广州市人民政府新闻办公室新闻发布会会场	70

广州百场新闻发布会彰显出来与公众之间的情感联结,有助于培育基于社会关系和情感的公共信任。情感是人类认知和决策的重要基础。世界著名的脑神经科学家安东尼奥·达马西奥(Antonio Damasio)从神经科学出发,揭示了情感在社会认知和决策过程中发挥的关键作用,提出情感是一种认知过滤的机制,会影响我们的认知和判断过程。情感社会学的大量研究也表明,人从来不仅是纯粹的理性思考的动物,人常常依赖情感来行动。

基于情感的公共信任往往与公众对于公共部门的评估有关,比如公共部门的可信度、公共部门决策者在决策过程中的公正和不偏向不偏袒,以及决策者的善意,比如是否尊重、公平和公正等。而我们的研究也发现,在政府信息不公开的情境下,公众对于争议事件或问题的推测、想象、担忧、疑虑和假象等,都会成为感知的现实,从而导致公共信任流失,激发社会不信任[①]。

在争议事件或问题上,公众的负面情感被激发后,之所以容易激发社会不信任,最主要的原因在于公众对于社会不公平、不平等的感知和担忧,会预设或激发社会不信任形成过程中的非理性或感性认知。在不公平、不平

　　① 邓理峰,贾鹤鹏.利益方抗争作为一种宏观协商的潜力与局限:基于内陆核电争议中"望江四老"个案的考察[J].传播与社会学刊,2019(49):141-174.

等感知情境中,人们倾向于采用非理性的信息处理方式。而在人们启用感性和非理性认知通道时,诚信与善意的负面感知则会更大程度地影响人们信任与否的决策,而这往往激发和固化社会不信任。

再次,新闻发布作为一种回应、吸纳和转化社会不信任的制度化实践,有助于培育基于信任文化的公共信任。

和前述信息公开激发信任的理性视角以及社会关系和情感激发信任的感性视角均不同,这一点聚焦的是公共信任来源中的文化因素。理性和情感视野里的公共信任探究各有其局限性。由于信息可得性的限制、选择性注意、人脑对复杂信息的处理能力局限,以及社会结构性条件的制约等,人的理性往往不是完全理性,而是有限理性。有一些情境里,人们完全无法获得受信方(如陌生人)的声誉和诚信记录,却选择了信任。这种情境里的信任往往源自共享价值观和制度规范。如同有学者所说"信任是基于习惯而非理性算计"[1]。而基于社会关系和情感的信任,也相对较为偏重在个体情感状态和人所处的社会网络等微观或中观层面的因素。

鉴于此,基于理性和情感的信任,都较为忽略人始终是生活在特定的历史和文化脉络之中,文化规范和身份认同无时无刻不在影响和塑造人的行动。当信任对象是抽象而非具体人(如朋友或熟人)的时候,比如制度、组织、市场、国家等,在这样的情境里,一般性的文化倾向就变得更为重要。

社会和制度环境中的信任文化主要表现为两个方面[2]。一个是国家/政府的法律法规完善程度及其得到遵守和执行的程度,特别是将怀疑、疑虑和不信任吸纳并转化为信任的社会和政治制度。另一个是社会的组织化程度。具体而言,是为法律法规等制度有效落地而配套的组织生态系统。更具体而言,由于政府规制体系已经就位,人们可以信任非人格的组织及该组织内自己未必熟悉的决策者或责任承担者,并且潜在失信的一方会惧于主动失信,或者即使失信也必定受到相应的惩罚。这两者共同影响着公共信任的生成和演化方向,而且由此我们也可以看到国家和政府在公共信任生成

---

① FUKUYAMA K. Trust:The Social Virtues and the Creation of Prosperity[M]. New York:Free Press,1995:43-44.

② SZTOMPKA P. Trust, distrust and two paradoxes of democracy[J]. European Journal of Social Theory,1998(1):19-32.

过程中的关键作用。广州市百场新闻发布会的参与者结构如表 6 - 3 所示。

表 6 - 3　广州市百场新闻发布会的参与者结构

发布会参与者类型	参与人数（人）	发言人单位总数（家）	百分比
正职官员	15	114	13.2%
副职官员	116	114	101.8%

新冠疫情期间广州市政府在百天里组织上百场新闻发布会,并不是临时即兴的发挥或突击闯关的冒险,而是建设透明政府长期实践的结果。根据统计,在 2009—2018 年,我国省会城市政府历年新闻发布会数量趋势是快速增加的。而北京、上海、广州等一线城市的新闻发布会数量较多,显示出较高的政府透明度。由此我们也可以看到,新冠疫情期间广州百场新闻发布会,不过是十几年来我国建设透明政府实践的冰山一角。

更值得关注的是,新冠疫情期间广州百场新闻发布会不仅仅是在发布政府希望公开的信息,更是把新闻发布会作为回应社会疑虑、担忧和不信任的公共沟通平台。如果将怀疑、疑虑和不信任的表达吸纳并转化为信任的社会和政治制度能够完善,以及为制度有效落地而配套的组织系统能够就位,假以时日,这将累积为社会和制度环境中影响深远的信任文化。

■ 四、完善信息公开的制度及其组织保障, 防范过度承诺

新冠疫情期间广州百场新闻发布会并不是结束的信号,而是进一步完善信息公开透明的制度及其组织保障,从而培育社会与经济健康运行所需的公共信任的新起点。完善信息公开的制度及其组织保障,用好新媒体降低信息公开的成本和门槛,缩小政府信息公开的制度规范及承诺与现实工作之间的差距,建设透明开放政府,培育公众对于公共部门的信任,是永无止境、止于至善的工作。

在缩小制度承诺和工作现实差距的过程中,还需要尊重和正视公众的社会不信任乃是一种常态。努力通过保障公民权利、建构优良秩序、创设合理程序,以公共协商为方法弥合分歧和培育共识等制度层面的举措,来消弭社会不信任,重建信任。由于信任和不信任指向不同的社会现实,并且有着

不同的前因变量、形成过程和作用机制,因此旨在构建信任的努力,对于消除公众不信任就未必直接有效。但是,目前业界对于社会不信任的关注不够,对于不信任的理解和研究尚存诸多局限。社会不信任也往往是导致公众对于公共卫生、工程技术(核能/转基因等)和工业项目(垃圾焚烧等)的感知风险被放大的重要原因。

此外,政府信息公开实践中,还需要防范过度承诺导致社会不信任的问题。完全透明的承诺,各级政府其实很难做到,属于兑现不了的过度承诺。过度承诺的透明政府将会失去社会信任,并成为社会不信任的根源。

第七章

公共传播中的象征行动及其功能

【本章概要】和以文字等符号为工具的表达不同,象征行动(Symbolic Action)是一种以行动为符号的公共表达。象征行动除行动本身所具有的内在含义和效用价值之外,还往往有社会建构的特定价值和隐含意义,比如:结婚戴钻戒,戴的不只是一颗质地坚硬的稀罕石头,而是表达了对于婚姻如钻石一样风雨不蚀、忠贞一生的期盼。充分认识象征行动的功能,一方面有助于更为系统深入地认识和理解象征行动的性质和规律,另一方面也有助于在策划实施相关活动时,善于象征行动,防范和避免潜在的风险。

一、传播学的学术旨趣

2016年2月19日,习近平总书记在党的新闻舆论工作座谈会上提出,"党的新闻舆论工作是党的一项重要工作,是治国理政、定国安邦的大事,要适应国内外形势发展,从党的工作全局出发把握定位,坚持党的领导,坚持正确政治方向,坚持以人民为中心的工作导向,尊重新闻传播规律,创新方法手段,切实提高党的新闻舆论传播力、引导力、影响力、公信力"。

新闻舆论工作是"治国理政、定国安邦的大事",那么在性质上新闻舆论工作究竟是一种怎样的工作? 我们提出一个非常简单的回答:新闻舆论工作是告知人、说服人和凝聚人的工作。而要更为系统深入地理解新闻舆论工作如何告知、说服和凝聚人,就涉及对于传播学学术旨趣的讨论。

首先,传播学关注人是如何运用各种象征的符号(如语言、文字、图像、视频等)来呈现再现事实,表达交流意义。人对于外部世界的认识和理解,不可避免地会受到象征符号的影响和塑造。绝大多数来自耳听、目视以及其他感官所获取的原始且零散的感官信息,都被人组织成为一个由符号承载的有意义整体。意义是事物的一种严肃、重要或有用的品质或目的。因此,我们对于世界的认识和理解,并不是我们感官感知的直接产物,而是经由符号的中介和调制的产物①。而符号作为交流的工具,这一工具在被生产和使用中不可避免地植入了生产主体——人的意图目的、文化语境和隐含意义。

因此,符号作为交流的工具,其实并不是中性和中立的,而是会参与到信息的生产和传递过程当中,影响和塑造事实及其意义,进而塑造人的认知和认识。语言学里著名的萨丕尔-沃尔夫假说(Sapir-Whorf Hypothesis),说的就是一个人所使用语言的语法结构和词语结构,会在很大程度上影响该语言使用者对于世界的感知和认识。这一假说强调的是语言对于人思维的影响或决定性作用。

在传播与事实及现实的关系上,传播不仅仅是反映和再现了事实,而且还生成和生产了社会事实、社会现实,并进而生成人的身份,建立和维系社会关系。事实与现实是不同的。事实是对于发生的各类事件或存在的境况,不受人的目的影响,而做出的客观陈述。事实是可以被观察、测量、证实的。比如,昼夜交替乃是事实。这是地球围绕太阳自转的结果,会重复发生,因而是可以被证实和观察的。而社会事实或社会现实是人在事实的基础上加工的产物。根据杜威的区分,从物理意义上说,事实就是在人的目的、欲求、情感、观念和理想都被彻底地排除在外之后的最终剩余物。而社会事实,则恰好相反,正好是这些人的因素,以外显可见的形式呈现出的凝结物。杜威认为,依循物理科学的技术来"找寻事实",其找寻的结果是毫无用处的。毫无疑问,一个人若没有以事实为基础,就无法思考和理解。由于事实从来不会一览无遗地坐等人发现,我们必须去除遮蔽、揭示事实。但是,大多数时候,我们如此用心寻觅和精心策划的数据,根本就不

---

① DANESI M. Messages, Signs, and Meanings: A Basic Textbook in Semiotics and Communication Theory[M]. 3rd Edition. Toronto:Canadian Scholar's Press,2004:17.

是社会事实。因为这些数据与人的目的、意图和后果之间的联系,这些数据作为人行动的手段或结果,都没有被揭示出来。这些数据仅仅是一些物理事实和外显事实。社会事实和物理事实不尽相同,因为通过特定的方法,物理事实之间的关联和规律是清晰的,而社会事实中仍旧还有一堆意义尚未被揭示的陈杂事实。这些陈杂事实与人需求之间的联系,以及人文价值的影响,都还未曾彰显出来,因为这些陈杂事实尚未组成一个可辨识理解的整体。对于客观事实,我们往往是带着自己的信念、态度和价值来审视。比如时间的事实是由往至今,循着单一方向行进且永不回头的运动状态。而时间的现实是什么呢?有人认为时间是线性的(如年份的递增),也有人认为时间是循环的(如二十四节气轮回),还有人认为时间是分段的(如朝代的更迭)。因此,我们可以基于时间这个事实,来认识时间的三种不同现实。

其次,传播学关注人如何用有形的符号来呈现无形的观念、信念和价值。比如,传统文化里经常会讲到人心不可知。唐代诗人杜荀鹤的诗作《感寓》里有一句非常有意思的话,描述了人心不可知,也就是人心或者人的心思、观念和想法,不容易探究,不容易显现。这句话是"海枯终见底,人死不知心"。当然,这句话听起来有点消极,但非常形象生动地表达了人心难以被认识的状况,讲海枯犹且可以见底,人心却至死也难以显现。这句话实际上是用一种有形的符号,来反衬人心的难以认识。

再次,传播学关注如何通过沟通传播及媒体来生成、促进和维系社会关系、社会协作和合作。无论是业界,还是学界,目前对于传播的普遍理解是:传播就是信息的传递和传输,传播是实现特定目标和目的的工具或手段。我们需要澄清说明的是,传播工具论对于传播的理解是不完整的。因为传播不仅仅传递扩散了信息,而且传播也生产和构建了人的身份和组织的身份,以及人与人、组织与组织之间的关系,实现了人与人之间的了解、理解,以及培育共识,并基于此推动人与人或者组织与组织之间的协调、协作和合作。

传播工具论者所理解的媒体和传播,是借助媒体而实现信息和意义的传输。传播工具论者的研究旨趣偏重在信息内容的生产、传播及其短期效果,而较为忽略信息传播所带来的更为长期的社会影响,比如社会关系后果①。对于传播的这种理解,窄化了媒体和传播在现代社会里原本一直所担当角色的理解。正如卢曼所指出的,把"传播"视作为信息从传者到受者的传输或传递过程,是一个充满误导的比喻,因为它暗含了误解传播过程的本体论②。传输论假定传者首先释放或发出了某种东西,然后受者接收到了它。但这个假定本身就是对传播过程的误解,因为在传播过程中,传者并未在失去的意义上放弃任何东西。

传播构建了社会源自传播的生成功能。个体的社会行动会发展成为人与人之间的社会互动(Social Interactions),而社会互动又进一步构建了社会关系(Social Relations),并进而生成了社会团体(Social Groups)。社会关系是不同个体之间的关系,而社会团体则是有着一些共同的特征或目的之不同个体的集合,或者是通过相对稳定的社会互动模式而关联和确立的个体集合。鉴于此,社会行动是社会现象之最为根本的基石③。

二、为什么说人同时生活在两个世界?

人被认为是同时生活在两个世界,即物质世界和精神世界。物质世界是由水、空气、动植物、人造物等有形物质所构成的世界,是看得见摸得着的世界。精神世界往往是无形的,比如人心中的信念和价值观、社会的伦理规范、集体的记忆和情感等,都是不能外显于形,从而无法看得见摸得着。精神世界是通过符号、话语和行动等象征符号来识别、察觉、体悟和感知的世界。因此,精神世界特别需要借助有形的符号来具象化呈现。

如果大家来到中山大学康乐园参观,导游有可能会开玩笑地说,中山大学就是靠两张皮。哪两张皮呢?一张是大草皮。因为进入中山大学有成片大面积非常漂亮的草地,所以第一张皮叫大草皮。另一张皮是孙中山先生的"脸皮"。因为这所大学的名字叫中山大学,是取了孙中山先生的名字,所

---

① LEDINGHAM J A, BRUNING S D. Public Relations as Relationship Management: A Relational Approach to the Study and Practice of Public Relations[M]. Mahwah, NJ: Lawrence Erlbaum Associates, 2000:6.

② LUHMANN N. Introduction to Systems Theory[M]. Polity Press, 2002:10.

③ DIXON J, DOGAN R, SANDERSON A. The Situational Logics of Social Actions[M]. New York: Nova Science Publishers, 2009:13.

以是他的"脸皮"。这个非常通俗,甚至比较戏谑的说法,实际上反映了刚才讲到的话题,也就是其实我们生活在两个世界,一个是物质世界,另一个是精神世界。当然,无论是大草皮,还是孙中山先生的"脸皮",实际上都深有意涵。因为站在中山大学大片草地面前,一眼望去,了然无碍的开阔和古木参天的恢宏,暗含了人的视野、格局和气度。而孙中山先生的"脸皮",蕴含着更为丰富的意涵。孙中山先生当年创立国立广东大学,亲自手书了校训"博学、审问、慎思、明辨、笃行",而且对于毕业学生还有一段训词:"学海汪洋,毓仁作圣,大学毕业,此其发轫。植基既固,建业立名,登峰造极,有志竟成。为社会福,为邦家光,勖哉诸君,努力自强。"总之,中山大学这"两张皮",大草皮是物质世界,而孙中山先生的"脸皮"是精神世界。

其实我们每一个人都沉浸于,并且来回地穿梭于物质世界和精神世界当中。中山大学的历史和文化当然也离不开中山大学的各种故事和知识传承,所以我们说物质世界和精神世界加在一起或者杂糅在一起才是中山大学的历史和文化。

■ 三、象征符号及其意义的社会建构

要理解象征行动及其社会功能,就有必要了解精神世界里的符号和话语的规律,尤其是符号及其意义的社会建构。

文化人类学家吉尔茨曾以蜘蛛织网的比喻,来阐述文化对人行动的塑造,认为人好比是悬挂在由人类自己编织的意义之网上的动物。人类所建构的文化体系便是这张"意义之网",既赋能于人,也规范着人。而符号与象征形式则是人创设的用以承载和传承意义的载体工具。正是通过承载了意义的符号与象征,人们才得以沟通、感知和发展出对有关外部世界的知识、观念和态度。因此,我们可以说,吉尔茨所说的意义网络乃是一种人类自己创设的文化地图。这如同地理地图给予人们方向感和方位感,不至于迷失于途一样,有了文化意义地图的导航和支撑,人们才能保持内心的安定从容,避免空洞虚无,并获得生活的秩序感、控制感和安全感,获得情感能量和精神力量。

我们每个人在日常生活和公共生活中都受符号及其意义的影响塑造。比如说同样是白色这种颜色,在不同文化中其实有不同的含义。同样是白色的花,比如百合花或者菊花,虽然颜色高度近似,但被人们赋予的意义却

迥然不同,也因此有着非常不同的社会功能。百合花顾名思义,往往是代表百年好合、纯洁庄严或美满幸福。而菊花因其花色素雅,被认为代表了超凡脱俗的情操和品格,因而常在哀悼、追思和纪念等场景里使用,表达人们对于已亡故亲友的哀思和怀念。去医院看望病人送百合,而参加追悼会或追思会可能用的就是菊花。

花作为一种符号所代表的意义是历史上沉积下来的一种文化共识,而花所代表的社会意义也成为我们在送花时不能不遵循的一种规则。自然界的花的意义并不是从土壤里天然长出来的,自然界的花本身并没有意义附着其中,而是被人们刻写了特定的社会意义。如果不遵循这些被社会刻写在百合花和菊花里的文化意义,送花的行动就会成为一种无知或无礼的冒犯,甚至是恶意或刻意的挑衅。

和花作为一种符号类似,人们在沟通中使用的各种符号或象征实物都含有人建构或刻入的社会意义。"烽火戏诸侯"是一个大家都非常熟悉的典故。在这个典故中,烟火作为一种实物符号,有三种意思。首先,符号有其原本的意思。周幽王在城墙上放出狼烟,也就是烽火,狼烟作为一个实物符号指的就是"烟火"。这个是狼烟作为实物符号原本要表达的意思。其次,符号在特定的使用情境中有其特定的意思。周幽王在烽火戏诸侯的故事中,狼烟是实物,以远距离能够看见的笔直且高远的狼烟为媒介,从而实现远距离的信息传递。在这样的情境里,"烟火"作为实物符号就代表了"外敌入侵"的意思。再次,符号还表达了符号使用者的目的、意图和用意。在周幽王烽火戏诸侯的故事里,狼烟作为实物符号还包含了周幽王使用狼烟的实际意图,在当时的情境下并不是要表达"外敌入侵"的意思,而是要以狼烟来戏弄诸侯"博美人一笑"。因此,狼烟作为实物符号在这样的语境中就是戏弄和欺骗的意思。

四、象征行动是一种以行动为符号的表达

我们尝试给作为符号的行动一个概念,即象征行动。象征行动是一种以行动为符号的表达性行动。这类行动除行动本身所具有的内在含义和效用价值之外,还往往有社会建构的特定含义。所有个体或组织的行动,都能表达出内在含义和象征意义两个方面,而象征性行动主要是指那些令人联

想到行动本身之外的意义的行动。

在透明度日益提高的社交媒体环境里,"行胜于言"的重要性和紧迫性都更为凸显。在公共传播领域里,行动本身成为全新语言,而且行动表达在性质上是更为重要,也是更具有可信度的公共表达。简言之,我们需要更多地考虑行动表达了何种信息,而不是如何宣传已有的行动。

为了便于理解象征行动的含义,我们这里先讲一个小故事。我国西南地区山高水急,水力资源丰富。四川和重庆主要依赖水力发电,不仅足够自用,而且还有多余电力远送到上海等经济发达但电力资源匮乏的地区。但是,2022年由于大旱,致使川渝地区水力发电受到极大的限制,四川、重庆出现电力紧缺的问题。在这样的情况下,上海作为川渝水电的消纳大户,关闭外滩景观灯两天,表达的是上海对于川渝大旱导致电力紧缺的一种回应和关切。但是,对于了解电网电力输送工作模式的人都知道,关闭外滩景观灯两天所省下来的电力,不可能反向送回川渝地区。更何况关闭外滩景观灯所节省的电量,对于缓解川渝地区大面积电荒而言乃杯水车薪,并没有实质性的作用。那么,在川渝大旱、电力紧缺的情况下,上海选择关闭外滩景观灯活动的主要功能,无疑就是象征性地表达上海对川渝电力紧缺的声援。这是一种以行动为符号,旨在表达特定价值和意义的象征行动。

五、象征行动的三种功能

象征行动有三种功能,下面依次做简要阐述。

1. 规范性功能

规范性功能(Normative Function)是指象征行动主张和表达了某一种具体的社会价值。比如2020年广东医疗团队援鄂行动结束后,在离开武汉的送别仪式和回到广东广州的凯旋仪式,同样也嵌置了非常丰富的社会价值表达,人们同样从中感受到了医护人员的牺牲精神和一方有难、八方支援的社会互助精神。

价值(Value)是何为可欲和善好,以及应当何为的观念。价值会在很大程度上影响人们在各种候选选项中的选择过程和结果①。物品的效用价值

---

① GRAEBER D. Toward an Anthropological Theory of Value[M]. New York:Palgrave,2001:3.

和行动的伦理价值是不同的①。人从事生产劳动的成果是物品,能产生使用价值,可以交换。而人的社会行动的成果是社会影响或社会后果,会产生伦理价值,是不可以交换的,也无法和物品的效用价值通约与交换。毋庸置疑,象征行动和伦理价值的生产和表达直接相关。在象征行动中,伦理价值是通过人的活动而得以散播和传承。如果没有具体可见的活动作为载体,则抽象无形的伦理价值将无法得以再现和传播。

人类行动的动因,不仅仅是满足口腹之欲等物质欲望,在很多情境下,意义追寻才是行动的真正动因。和自然物质世界的物理运动不同,社会行动始终体现了行动者对于行为的意义刻入和解释。也正是这样的原因,只有准确地捕捉到行动者赋予行动的意义,才能真正理解社会行动者的行动意义。而阐释的社会科学,就是要发掘和揭示行动者行动的意义,从而使得社会行动变得可以甄别、辨识和理解②。

2. 实质性功能

实质性功能(Substantial Function)是指象征行动不仅仅是符号和话语的表达,同样也给社会(而非行动者)带来了人所共欲的公共福祉,比如防御潜在的风险、解决当下的困扰或预示未来的进步。

理解象征行动之"实质性",关键在于如何界定象征行动中的"实质性"内容及其所生成的积极效应。象征行动中的"实质性"功能,是指行动者采取了具体可见的实际行动来防范风险、解决难题或者带来任何形式的积极影响,而不仅仅是务虚地主张和表达价值,以空泛的陈述来向外界呈现行动者的表面形象。这需要行动者践行一些具体可见的行动,比如在理念、目标、任务、活动、民意吸纳、信息披露等方面做出了重要努力或调整,从而争取并获得社会的赞赏、许可或支持,或者是达到某种行业、国家或国际标准等。

当然,我们需要了解到,象征行动的规范性功能和实质性功能之间是贯通和关联的。企业通过象征行动所发出的信号,并不仅仅是务虚的言辞,而

---

① LAMBEK M. The value of performative acts[J]. HAU: Journal of Ethnographic Theory,2013, 3(2):141-160.

② CARR W, KEMMIS S. Becoming Critical: Education Knowledge and Action Research[M]. The Falmer Press,1986:88.

是会构成约束或推动企业进步的一种力量。事实上,这正是观念和话语之所以能推动社会革新的内生力量。

3.工具性功能

工具性功能(Instrumental Function)是指象征行动不仅是利他行动,也是对行动者而言的利己行动。工具性行动的本意是指人类以改造和控制自然为目的的物质生产活动,这是人类在处理人与自然(而不是作为另一个平等主体的其他人)的关系时,遵循理性选择之规则、自我利益驱动,并旨在谋求成功的行动。

象征行动的工具性功能之"工具性",本身就暗含着一层意思:此为实现其他(更高层级)目的之工具或手段。在这里,工具性是指行动者将行动(Action)重新客观地对象化为物品(Object),并以行动作为手段和工具,来增进行动者自身利益的目的。

很多和2022年京东物流援沪行动相似的企业社会责任活动,都是一种开明自利的象征行动。何为开明自利(Enlightened Self-interest)?开明自利是一种伦理观念,是指一个人或组织在增进他人利益或其他组织利益的时候,最终也将增进其自身的利益。开明自利的行动涉及如何平衡长期利益和短期利益。一个人为了维系与他人的良好关系、支持帮扶他人或不阻碍不干扰他人利益的实现,有时候需要暂时放弃谋求自身的利益,甚至牺牲自己的眼前利益。但是,这种暂时舍己从人,却在长远来看有利于自身利益的实现。因为在这个过程中,人们会因为善意、诚实和大度,而获得积极正面的社会赞誉和社会信任,从而获得更多的机会。

总之,我们提出,象征行动具有三种功能,即规范性功能、实质性功能和工具性功能。这三种功能作为分类分析的框架,可以帮助我们来理解象征性行动的实施成效,也可以在策划实施相关的象征性行动时,作为策划、实施和管理相关活动时的预测、评估和分析框架。

当然,象征行动上述三种功能,未必在每一次象征行动中都能有所表现。比如上海外滩关闭景观灯的安排,在相当大程度上主要是其规范性价值的表达功能,而不太具有声援川渝地区抗旱的实质功能。由于漆黑暗淡的上海外滩和平时五彩斑斓的上海外滩形成了鲜明对比,造成外滩关闭景观灯的活动安排,因为其一反常态,反而使活动获得了更强的社会可见性和媒体关注度,所以是一种富有成效的公共表达。但是,关闭外滩景观灯所节省的电力,对于缓解川渝大旱而造成的川渝地区电力紧张问题是无济于事的,但这并不妨碍这一活动作为上海市表达声援川渝抗旱的精神和情感支持。

■ 六、象征行动的善用与误用

作为公共传播的一种策略和方法,象征行动的策划和实施特别需要强化事前管理。由于以行动为符号来作为公共表达的独特特征,比如行动符号的含义本身模糊多义(不如文字语言准确和稳定)、含义解读高度依赖于社会语境,以及含义解读规则多元甚至矛盾等,因此象征行动涉及多方参与才能完成,而且始终处在次第展开的动态变化中,所以存在诸多即兴发挥和临场应变的不确定性。这都是在使用象征行动时需要特别强化过程管理的原因。象征行动的过程管理包括行动剧本准备及演练、铺垫含义解读的相关语境和落实好起承转合的各种后勤细节等。唯有这样,才能防范和避免象征行动的误用,而给组织带来声誉风险。

以象征行动为符号的公共沟通,和真实情境里自然发生的事件非常不同。因为象征行动所涉及的事件或活动,往往是经过精心策划、准备和实施的,很多时候甚至是为了媒体的报道与宣传而发生。从这个角度来说,象征行动不仅仅是用于表达组织对特定复杂或争议问题、现象或困境的态度和立场,与此同时,也是在生成和创造事实,从而改变和塑造人们对于现实的感知和认识。

象征行动作为公共传播的策略方法,需要遵循象征行动之"行动"的伦理价值。价值是一种"善好",或者说是值得追求的东西。象征行动的最大风险在于偏离了行动的伦理价值,比如事实不真、动机不善和形式不美。事实不真,是指象征行动所涉及的事件和活动,偏离事实真相,甚至假戏真做、以假乱真,是完全没有事实支撑的假大空。动机不善,是指象征行动的使用者不是用象征行动来呈现复杂事实、争议议题的基本立场,而是将象征行动用作蓄意扭曲事实、遮蔽真相、颠倒是非的工具,甚至是抹黑和攻击对手的武器。形式不美,是指象征行动在形式上粗鄙俗陋、庸俗浅薄、缺乏美感。

而美感被认为不仅仅是刺激感官的外在形式之美，更涉及陶冶心性、净化灵魂的内在品位。因而，象征行动中任何有违公序良俗、悖逆文化规范的符号、元素、形式或意象，都可能会成为象征行动的风险来源。

根据媒体报道，2023 年 7 月 10 日至 7 月 14 日，陕西某县县委党校给本地党支部书记开展培训期间，在食堂推出了"清廉餐"。所谓"清廉餐"，实际上是该校食堂颇有一些创意地将一些常见的素菜，改名为和清正廉洁有关的概念。比如，一清二白（小葱拌豆腐）、防腐拒变（皮蛋腐竹）、忆苦思甜（凉拌菠菜）、黑白分明（木耳炒山药）、清清白白（素炒白菜）和清廉本色（炒藕片）等。

这一"创新做法"经过该县融媒体发布后，立即引起网民热议，甚至一度登上微博和百度的热搜。为什么在取名上颇有一些创意的"清廉餐"，会在网络上发酵成为舆情危机事件，惹来骂名？

浏览一下各种批评意见，我们可以发现，大家批评的主要不是创意取名本身。最为集中的批评意见是廉政建设涉嫌徒有创意取名之表，而无其实。当然，央广网的批评措辞是比较严谨的，因为用的是"涉嫌"在廉政建设中搞形式主义。如果说"创意取名"是一种话语创新，那么在廉政建设中做出实质行动，则是实践创新。问题的要害在于：话语创新的基础应该是实践创新。

"清廉餐"是一种修辞技术的创新，而不是实践实干的创新。以清正廉洁相关的价值，来给一些家常菜重新取名，这当然算得上是一种话语创新，且不论其创新是否得到广泛认可。但是，如果在实践中没有实干的事实基础，仅仅是符号和话语创新，则不可避免会被认为是徒有其表的虚假。

鉴于此，"清廉餐"事件中的创意取名，实际上是舆情危机爆发的触发事件，而非舆情危机爆发的根本原因。基层政府的廉政建设行动，被公众感知为只有口号创意，没有实质行动，这才是导致舆情爆发的原因。如果这是该县在廉政建设方面取得了突破性成绩后的庆功宴，那么创意取名因为有实质行动的事实支撑，就不至于成为引爆舆情的触发事件了。

"清廉餐"事件也给我们以下启示。第一，新闻舆论工作的话语创新必须要有实践实干的基础。即便是在技术形式上非常有创意的象征行动，如果没有实干的事实做基础，必定会是有名无实，徒有其表。这样的象征行动会暗藏舆情风险。第二，要善于从弱信号中识别导致危机的潜在触发事件。一些基层政府的形式主义作风和做法，老百姓怨言很多。若不能警觉地从日常抱怨中辨识风险，反而对常见做法亦步亦趋，盲目从众跟随，甚至加码"创新"，可能会适得其反。

七、结语

　　和以文字等符号为工具的表达不同，象征行动是一种以行动为符号的公共表达。和电网传输电力、自来水管输送自来水不会改变所传送物质的内容不同，符号作为交流的工具和传媒作为信息的管道，从来都不是中性和中立的，而是会参与到信息的生产和传递过程当中，影响和塑造事实及其意义，进而塑造人的认知和认识。

　　鉴于此，我们需要了解在不同环境和条件下，影响象征行动之沟通成效的诸多因素，并充分认识象征行动的三种功能，即规范性功能、实质性功能和工具性功能。这一方面有助于更为系统深入地认识和理解象征行动的性质和规律，另一方面也有助于在策划实施相关的活动时，善用象征行动，防范和避免潜在的风险。

第八章

传播主流价值：互联网媒体平台企业的社会责任

【本章概要】互联网平台体系日益嵌入各行各业,已成为一种关键基础设施。互联网媒体平台天然具有信息交互分享以及由此衍生的社会影响力和舆论动员能力。各类互联网媒体平台程度各异,但都具有媒体属性。互联网媒体平台作为传媒企业,其不同于普通企业的独特性是传媒产品在社会价值观念和意识形态领域具有高度外部性。而互联网媒体平台作为关键文化基础设施的高度商业化运作,是其践行公共性使命的重大障碍。正是在这种情境下,笔者提出传播和维系主流价值是互联网媒体平台企业的社会和政治责任。

■ 一、互联网媒体平台企业的兴起及其社会责任

2016 年 4 月 19 日,习近平总书记在网络安全和信息化工作座谈会上的讲话中提出,"一个企业既有经济责任、法律责任,也有社会责任、道德责任。企业做得越大,社会责任、道德责任就越大,公众对企业这方面的要求也就越高"。

互联网媒体平台企业的兴起及其作为关键基础设施的社会责任议题愈发凸显。互联网科技革新推动了现代社会向平台化和深度媒介化社会的转型。平台化是指互联网媒体平台日益成为日常生活和公共生活中的关键基础设施。

与平台化和深度媒介化进程相伴而生的是互联网媒体平台企业权力的崛起。互联网媒体平台企业通过在市场里的自然竞争而获得市场权力。企

业的市场权力既表现为主导企业对于产品和服务的定价权力，也表现为社会影响力。这种影响力超越了市场边界，溢散为塑造平台用户和公众的认知和偏好，从而获得社会影响和舆论动员的能力。正是在这个意义上，信息检索、社会交往、新闻信息、视频直播、电子商务等互联网媒体平台，被认为具有媒体属性。它们并不仅仅是普通的科技企业。只不过其媒体属性在功能和程度上，会因平台类型不同而存在差异，这都意味着互联网媒体平台企业影响力的扩大和对其进行规范的必要。

■二、从公共事业到企业生态：界定媒体平台社会责任的挑战

我国企业社会责任领域的制度化实践被认为是起步于 2005 年后。在制度层面，当时最主要推动力量是沪深两市对于上市企业和国务院国有资产监督管理委员会对于中央企业的相关规定，包括深圳证券交易所的《上市公司社会责任指引》、上海证券交易所的《上海证券交易所上市公司信息披露事务管理制度指引》，以及国务院国有资产监督管理委员会《关于中央企业履行社会责任的指导意见》。

互联网媒体平台企业的社会责任尤为值得关注。因为平台企业被认为兼有单个企业的"经济人"属性和平台场域里的"社会人"角色[①]。平台企业被赋予了对平台生态开展监管的类政府使命，这使得传统的行政监管和内部治理策略，都难以适用于平台情境里的企业社会责任治理。

更为重要的是，究竟如何界定媒体平台企业的社会责任，仍旧存在模糊性和不确定性。2018 年，某平台因传播色情与低俗内容、违规搜集用户隐私信息、发布虚假广告等，在屡遭监管部门约谈后，创始人公开致歉。

究竟何为互联网媒体平台企业的社会责任，这种界定之所以困难有多重原因。

第一，在我国传媒体制和历史传统中传媒的性质不是企业。传媒在我国一直是一种事业单位。无论是 1978 年后推行"事业单位，企业化管理"的试点改革，还是 1992 年后以媒体广告和产业经营为主导的市场化改革，传

---

① 李广乾，陶涛.电子商务平台生态化与平台治理政策[J].管理世界，2018(6)：104－109.

媒是事业单位的性质和党管媒体的原则都从未改变。21世纪后,沪深两个证券市场推动上市公司,以及国有资产监督管理委员会推动国有企业承担社会责任的行动,共同的背景是回应企业带来的环境污染等外部性问题。传媒作为事业单位始终都不在其中,但是互联网企业的兴起及其传媒属性和功能的扩张,使得传媒企业社会责任问题日益凸显。

第二,现有企业社会责任标准不适用于传媒企业。普通商业企业社会责任的各类标准尽管相对完善,但不适用于理解和解释互联网媒体平台企业的社会责任实践。互联网平台作为传媒企业,其不同于普通企业的独特性是传媒产品在社会价值观念和意识形态领域具有高度外部性。这和一般企业社会责任重在环境保护、合规经营、劳工问题等都不一样,国家政策和社会期待也不同。而且无论是全球报告倡议组织的标准,还是国际标准化组织的标准ISO26000,都没有针对在意识形态领域具有高度外部性的传媒企业,提出更具针对性的企业社会责任标准。

第三,互联网媒体平台企业的主体多元化增加了问责和履责的复杂性。作为一个共建共享互联的生态体系,互联网媒体平台企业完全不同于传统媒体企业,其内容管理的主体责任不仅是应由单个企业担责,更涉及如何对平台生态体系担责、对社会总体担责,以及媒体平台生态体系内各类参与者如何担责。在互联网平台情境里,传媒企业社会责任的内涵界定、担责动因、履责机制和问责策略都有待更新。

第四,互联网媒体平台企业社会责任具有因情境不同而变化的不确定性特征。互联网媒体平台企业既有经济责任、法律责任,也有社会责任、道德责任。其中经济责任(如回报股东、照章纳税等)和法律责任(不违背法律法规的底线),都相对清晰和确定。而社会责任和道德责任则相对模糊。因为这两类责任的界定,取决于企业与政府、公众、媒体等相关方之间的互动和协商。正因为相对不确定且会因情境不同而动态变化,所以这两类责任是最需要厘清的部分。

回溯历史,对传统媒体社会责任的探讨其实相当丰富。哈钦斯委员会提出的报刊社会责任理论、兴盛于20世纪六七十年代的新闻专业主义文化规范、以BBC为范本的公共广播规制理论等,都是相关的学术传统。围绕新媒体社会责任的界定,近年来国内外学者提出了包括虚假信息、责任广告、隐私保护、数字鸿沟、算法责任、数据保护等不同的面向。此外，中华全国新闻工作者协会从新闻媒体的社会责任、国家互联网信息办公室从网络内容管理的责任、英国责任媒体论坛从新旧媒体的内容管理及社会责任等不同侧重，均提出了给人启发的界定。

　　总体而言，目前互联网媒体平台企业主体责任的一些最基本问题，比如由谁负责、负责什么、对谁负责、负责到什么程度等，相关界定的完整和清晰程度不一。在单一企业主体的情境里由谁负责相对清晰，但在平台情境里，由于平台具有多重角色和多层关系的特点，由谁负责和如何协同履责的问题则有待厘清。近年来《网络信息内容生态治理规定》等一系列规章颁布后，限制行为等法律责任的界定相对清楚，而社会与道德责任则还不够清晰。此外，针对为何担责和负责到什么程度的讨论相对较少。

　　尽管对互联网媒体平台企业社会责任的界定尚未有共识，但政府监管和社会监督需要问责、互联网媒体平台企业要履责，则是各方共识。目前互联网媒体平台企业履责还存在一些突出的障碍，尤其表现为商业化情境里的三种价值冲突。

■三、关键基础设施的高度商业化：媒体平台的三种价值冲突

　　历史上许多媒体技术发明的初衷都不是用于传播新闻。马可尼的无线电通信被用来听音乐，古腾堡的活字印刷术被用来印制圣经，而社交媒体则便利于社会交往。但是，由于互联网平台极大地提高了信息与受众之间精准配置的效率，已经演化成为普及程度最高、影响范围最广的媒体平台。目前，互联网媒体平台存在的三种价值冲突尤为值得注意。

1.在内容生产中，交往行动与策略行动之间的价值冲突

　　内容生产中的交往行动的逻辑是无私、共享和利他，旨在通过分享参与、互动协商和培育共同信念，实现社会协作与合作。而策略行动的逻辑则是营私、占有和利己，旨在实现利益最大化的策略性和工具性目的。互联网媒体平台上内容生产的挑战，是要克服营利驱动给新闻与信息生产带来的价值偏向。

目前在互联网媒体平台上参与内容生产的主体高度多元。从账号主体看,微博、微信、抖音、快手等平台类型虽有不同,根据业内人士的估算,九成以上是旨在社会交往而非营利驱动的平台用户个体账号。但是,从社会影响力看,粉丝量在一万和百万以上的账号中,有大量账号是寄居在平台生态体系中以营利为目标的自媒体账号。其影响力已经与传统主流媒体的影响力在互联网平台上平分秋色。

不容忽视的是,大量商业驱动的自媒体账号存在缺乏专业规范以及内容过度商业化的问题。过度商业化扭曲新闻的内容结构和产业结构,这并不是互联网环境里的新现象。早在19世纪后期报刊商业化后,新闻业就形成了高度依赖广告为收入来源的商业模式,这对现代新闻业产生了深远的结构性影响。在内容结构方面,有助于提高发行量、扩大购买力强的读者数量以及创造有利于刊登广告的情境等成为新闻的标准。在产业结构方面,则出现了服务于购买力越强群体的报纸,获得广告补贴则越多的现象。而面向购买能力越弱群体的报纸,获得广告贴补就越少,甚至被市场淘汰。在平台环境里,由于深度媒介化的影响,内容生产过度商业化带来的负面社会后果更为弥漫和隐蔽了。

2. 在接收环节算法编制中,服务公共人与消费者之间的价值冲突

公共人是指用户作为公民使用平台的新闻信息服务及其所具有的公共性使命。具体而言,公共性使命是指表达公共价值,参与公共服务,增进公共福祉。消费者是指用户通过付费而享用平台的新闻和信息服务。

在针对算法的批评中,一个常见且重要的诟病是在针对消费者的算法编制中,"我想要"取代了"我该要",平台剥夺了用户的选择权。除此之外,目前平台算法编制中还有一个更大的问题,是新闻和信息的使用被视为一种日常消费,从而指向私人生活,而不是公共生活。

传统新闻业中的新闻分发环节本来并不重要,但在互联网平台环境里则变得至关重要。通过用户数据、机器学习和算法编制,平台极大地提高了新闻信息分发的效率和精准度,并驱逐了作为新闻专业把关人的记者和编辑。然而,算法编制并不是一个价值无涉的纯技术过程。而且,算法在平台新闻信息服务中被用作了平台利润最大化的工具,旨在更好地服务于精确

植入广告。服务于利益最大化这一世俗目标的算法,成了为公众设置公共议程这一神圣使命的"看不见的手"。当市场价值成为衡量公共生活的尺度时,将不可避免扭曲公共价值,导致平台服务的不平等。

3. 在互联网平台性质界定中,公地逻辑与私产逻辑之间的价值冲突

公地逻辑是指互联网媒体平台用户数据汇聚乃是一种稀缺的公共资源,不是某一家企业的私有财产。鉴于此,互联网媒体平台必须遵循共有、共建和共享的原则,服从公共部门的监管。

2016 年某平台血友病贴吧被售卖事件曾经引发广泛争议。各方争议的焦点是设置在该平台上的血友病病友在线讨论空间究竟归属于谁。这究竟是平台企业的私产,还是病友的公地。这类争议的社会共识如今已日渐明晰,互联网媒体平台上的在线空间更接近是公地。

根据 2021 年国务院颁布的《关键信息基础设施安全保护条例》,公共通信和信息服务是关涉国家安全、国计民生和公共利益的关键信息基础设施。互联网媒体平台无疑是一种关键的文化基础设施。新闻和信息会塑造消费者和公民的偏好,也会界定、渗透和改变其他生产要素,甚至会改变生产、消费或政治过程[①]。等价交换的市场逻辑对媒体消费有一个视为当然的假定,就是新闻和信息内容产品是商品,这就忽略了新闻信息和其他生产要素(如土地、资本和劳动力)的不同,新闻及信息具有显著的意识形态外部性,是具有公共属性的特殊商品。

四、传播主流价值是互联网媒体平台企业的社会责任

鉴于上述三种价值冲突在我国互联网媒体平台中普遍存在,笔者提出传播主流价值是互联网媒体平台的一种社会和政治责任,主要有以下原因。

第一,传播主流价值是互联网媒体平台企业在维护社会秩序和稳定方面的社会和政治责任。企业不仅是为经济目标而只活跃在市场里的私域组织,也是关联、影响和贡献于其他社会组织或团体的社会和公共组织。作为社会和公共组织,就意味着不只是规则的遵循和维护者,而要积极地参与和协助政府,在解决新兴和复杂领域社会问题时制定规则,以及探索更为合理

---

① BABE R E. Communication and the Transformation of Economics[M]. Westview Press, 1995: 1.

有效的新规则。比如数据作为生产要素，就涉及数据产权界定、数据联通和开放，以及个人隐私保护等新兴复杂问题，这都需要互联网媒体平台企业参与探索和制定新规则。与企业作为社会和公共组织的定位相对应，这是企业的社会责任和道德责任。

作为市场主体，企业始终没有脱嵌于保障市场交易活动健康运行的社会规范和道德准则之外。这就是非市场因素（Non-market Factors）。非市场因素是指在市场之外分配资源、维系社会整合和社会关系的一套制度及其组织方式，或者是渗透于市场和经济活动中，有助于提高市场效率的政治和法律等制度因素和外部社会因素（比如互惠互利、责任、声誉和信任），从而有助于市场交易的达成①。

主流价值是互联网媒体平台企业在完成市场活动和处理平台生态各利益方关系时的行动指南。社会价值是人们评判何为重要的基本观念或原则。这被认为是一个社会之文化构成的核心要件，也是指引或约束着人们日常言行作为的内在动力。主流价值则是一个社会绝大多数人对于何为重要而持有共享的观念或原则。主流价值始终是一个社会保障秩序和稳定的基石。从这个角度来说，传播和维系主流价值乃是互联网媒体平台企业开明自利的选择。

第二，传播主流价值是互联网媒体平台企业制衡过度商业化并践行公共性使命的需要。互联网媒体平台作为一种新兴企业是在私有资本驱动之下为营利而兴起。互联网媒体平台企业的资本基因决定了市场逻辑必定会是束缚其公共性实践的桎梏。在这种情况下，行政监管的介入，从而避免具有高度意识形态外部性的媒体产品和服务领域出现市场失灵，是必须的，也是必然的。此外，由于互联网媒体平台企业自治失灵和网络空间的安全威胁，近年来国家对互联网治理的监管力度在全球范围里都普遍加大，逐步转向国家主导、多方共治的新模式。

2019年国家互联网信息办公室颁布了《网络信息内容生态治理规定》。该规定对网络信息内容生产者、服务平台、使用者以及行业组织的责任做了

---

① BODDEWYN J J. Understanding and advancing the concept of "non-market"[J]. Business & Society, 2003, 42(3): 297 – 327.

原则性的界定,并且对于网络信息内容生产者的责任做了鼓励性和禁止性的界定。其中第五条第四款的内容是鼓励网络信息内容生产者制作、复制、发布"弘扬社会主义核心价值观,宣传优秀道德文化和时代精神,充分展现中华民族昂扬向上精神风貌的"内容。限制性和鼓励性的条款,就将法律法规底线要求的法律责任、社会期望或压力的伦理责任,以及可以由企业自由裁量和定夺的志愿责任,比较好地区分开来了。

最近十多年来,我国互联网内容管理相关的立法成效卓著,颁布了大量的法律法规和规章条例,既为互联网媒体平台企业有章可循,也为防范过度商业化倾向发挥了有效的制衡作用。但是,毋庸置疑的是,互联网媒体平台作为市场里的全新类型,存在由于互联网媒体平台企业与行政监管机构之间存在信息不对称,或者成文的制度规范落后于实践而导致外部监管的失灵。在这种情况下,对于互联网媒体平台这类创新的科技企业而言,的确"法无禁令即可为"。但是,"法无禁令即可为",乃是一种道德约束之下的自由作为,并不意味着市场主体可以恣意妄为。这既是商业伦理发挥作用的天地,也是互联网媒体平台企业的一种道德责任。

第三,传播主流价值是社会公众对于互联网媒体平台企业的期待。这种社会期待有多种来源。

首先,源于我国相关法律法规和政策的基础。企业社会责任在英文文献里的含义多是指企业的志愿行动,强调的是自由意志和自主选择,反对政府干预和介入。各国的公司法都被认为是商法或私法,极少有公法理念的表述。在欧美国家,极少有将社会责任的条款写入公司法的情况。但是,我国和国外的情况有很大不同。企业社会责任在我国实践的主要推动者恰恰是政府。

其次,源于历史与文化传统的要求。企业社会责任始终是基于特定社会情境的管理实践,国内本土的主流经济思想、公共政策、历史传统、文化习俗和惯例等诸多因素都在影响着各方对于企业社会责任的理解和具体实践。中华文化与历史传统中对于商人社会责任的讨论,早已有之,比如童叟无欺、买卖公平等价值观。我国目前有关现代企业社会责任的观念和表述,比如对于环境、社会和治理的责任,则主要是受到西方企业管理思想的影响。此外,我国历任国家领导人有关企业社会责任的相关论述也是这一传统的重要构成。

再次,回应公众期待是企业建构自身合法性和正当性的现实需要。企业参与市场竞争的成败不仅依赖于获取资源和争夺市场份额的能力,还依赖于体现为社会认可和接纳程度的对企业合法性的获取和维系。企业合法性是指在社会建构的规范、价值、信念和定义体系中,公众对企业行为适当性的感知和假定。鉴于此,企业合法性既包含了法律之法(硬法)的合法性,也包含了人们心中的观念之法(软法)的合法性。具有合法性的企业会被感知为有意义的、可预测的以及值得信任的,公众也更可能去为这类组织提供资源。

五、结语

新冠疫情发生以来,各类互联网媒体平台企业发挥资源和专长优势,以各种方式服务于抗疫,贡献卓著。这其中有不少服务(比如健康码、行程码等)已经具备准公共服务的性质。这其实还只是互联网媒体平台企业供给准公共服务功能之冰山一角。互联网媒体平台企业作为关键基础设施,嵌入新闻、医疗、教育、文旅等各类公用事业和行业,极大地改变了公共服务的组织协作过程。这样的嵌入和融合过程仍旧还在进展之中。

互联网媒体平台企业作为关键的文化基础设施对于公共事务和日常生活具有普遍影响力。如果企业参与或受托代行了一部分政府的功能,或者创立了具有广泛社会影响的规则,那么企业这些具有公共意涵的行动就必须接受公众的质询和问责,而不能由企业高层管理者闭门决策而定。

互联网不是价值中立的技术,平台也不是价值无涉的基础设施,这必定会带着其特有的规范和价值,渗透进入公共事务和日常生活。我们需要反思这究竟会带来何种社会后果和非意图后果。鉴于此,互联网媒体平台企业作为平台生态的组织和管理者,无论是从硬法的制度规范,还是从软法的道义规范,都要警惕商业逻辑对公共价值的扭曲,积极传播和维系社会主流价值观,这是互联网媒体平台企业当仁不让,也是令人敬畏的社会责任。

第三编

公共传播教育

第九章

公共传播教育的三种使命

【本章概要】在当下新媒体环境里，新文科建设为我们重思公共传播教育及其使命提供了重要契机。我们在大力推动传播学之科学化和学科化的同时，迫切需要厘清其与社会问题、人文价值和科学理性三者的关系，重新将人文价值确立为公共传播教育的基石。没有人文价值的引领，传播学知识对于解决社会问题仍旧可能有效率和有效用，却可能没有灵魂、意义和方向感，甚至是危险的。鉴于此，基于公共传播学科的三种知识来源，即人文、科学和社会，笔者提出并阐述了公共传播教育的三种使命，即弘扬人文价值（价值使命）、坚守科学理性（方法使命）和构建社会和谐（功能使命）。

2019年5月，新文科建设由教育部发起和推动，渐次铺开。此后又发布了《新文科建设宣言》，对于新文科建设做了统领性部署。不过，究竟何为"新文科"，国内学界尚未有共识性的界定。有的偏重在教育，如教育部高等教育司吴岩司长认为新文科是"文科教育的创新发展"；而中国社会科学院张江教授认为，"新文科建设是学科定位、专业布局、评价体系的全面创新"[①]。也有学者偏重在研究，提出"新文科"最鲜明的特征是学术"与现实、社会、政治、意识形态重新缔结更加紧密的新关系"[②]。

目前有关新文科的讨论也出现了一些共同交集，比如新文科建设的学科使命是要致力于理解和解释中国经验和问题，创建具有中国特色的人文

---

① 张江.用科学精神引领新文科建设[J].上海交通大学学报(哲学社会科学版),2020(2):7-10.
② 王学典.何谓"新文科"?[N].中华读书报,2020-06-03(5).

社会科学体系和中国学派。育人使命是培养知中国、爱中国的人文社会科学人才。此外,新文科被认为预示着更为强调以问题导向的学科融合,以及人才培养和学术研究中的价值引领。

新文科建设也为我们重思公共传播教育及其使命提供了契机。比如,在建设新文科的背景下,我们需要反思传播学身份的中国再造。传播学和经济、管理、法学等社会科学类似,是源自欧美的学科门类。无论是理论概念、研究范式,还是知识谱系,都深受欧美的影响。而这样的学科身份背景,被认为在中国特色的锻造方面将面临更重的任务[1]。又如,新文科建设再次激活了一个经典话题,即如何平衡学术知识生产中学术与现实之间的关系。传播学是一门实践的社会科学,其知识生产必然会,也必然要与当下中国社会的重大现实问题紧密关联。真正挑战恐怕不是学术与现实之间是否要建立联系,而是如何建立联系、建立何种联系。学术研究作为一种知识生产的实践,自然有事实超然于价值的独立性。如果完全放弃这种独立性,那么知识服务于现实的功用,恐怕也将无法达成。但是,作为一门社会科学,正如杜威曾经警示的,事实与价值二分是一种"有害的二元论(Pernicious Dualism)"。毕竟对于事实做出科学精准的描述和解释,并不足以告诉我们在规范和价值意义上应该如何行动[2]。

正是在新文科建设及其讨论的背景下,笔者尝试从传播学的学科身份及其与其他学科门类之间的互动关系,来识别和阐述公共传播教育的使命。国外学者一系列传播学学科史著作[3],以及国内学者刘海龙的《重访灰色地带:传播研究史的书写与记忆》、胡翼青的《传播学科的奠定:1922—1949》等传播学学科史的专著,分别从不同角度介绍了传播学作为一门学科的历史渊源、历史脉络和发展情况。大体而言,都有的共识是传播学乃一门跨学科的学科。美国的主流传播学,其知识谱系中的母学科主要包括社会心理学、政治学、社会学等;人文传统里的传播学,其知

---

① 王学典. 何谓"新文科"? [N]. 中华读书报,2020-06-03(5).

② PORTER T M,ROSS D. The Cambridge History of Science,Volume 7:The Modern Social Sciences [M]. Cambridge University Press,2003:53.

③ 英文文献中传播学的学科史著作,比如罗杰斯的《传播学史》、马特拉的《传播学史》、皮特斯的《对空言说》。

识谱系中的母学科主要是语言学、修辞学、阐释社会学等;批判社会理论路径的传播学,其知识谱系中的母学科主要是批判社会理论、政治经济学等。

笔者尝试先扼要地介绍公共传播的三种知识基础,即人文、科学与社会,然后再按照人文、科学和社会作为建制化学科出现的先后顺序,简要地梳理了三种学科的历史脉络及其与公共传播之间的学术渊源和联系。最后,笔者提出,在当下新媒体环境里,传播学被日益视为一门显学,但主要动因在于传播学知识在解决现实问题时所具有的工具性价值,而不是这门学问内在的革命性变革。鉴于此,笔者提出在大力推动传播学之科学化和学科化的同时,迫切需要厘清其与社会问题、人文价值和科学理性三者的关系,并以人文价值校准公共传播教育的方向。

一、公共传播的基础知识:人文、科学与社会

大学里大致有三种学问,即人文、科学和社会。目前广泛存在于各国高校里的人文、科学和社会等学科,其身份和边界并不是天然存在的,而是人为的结果。19世纪中叶之前,自然科学和社会科学均尚未被充分建制化,相关研究和知识散布于各类学校(尤其是教会学校)、学会和知识分子当中。大学虽然已经出现在欧洲和北美,但多为教授人文与古典知识的学院,以人的虔诚和自律作为主要教育目标。美国高校中的哈佛大学在 1884 年之前,就是一所古典学院,后来逐步转型为研究型大学[1]。学科分类和建制化是伴随着 19 世纪末现代大学的兴起,以独立课程、学术期刊和专业组织等为特征的学科的出现,才逐步在大学里建立起来。

人文学科是历史最为悠久的学科门类。人文学科的理念、知识和历史渊源铺垫了后来的自然科学和社会科学作为学科门类的兴起。人文研究被认为起源于古代的神话和祭祀。从古希腊、欧洲文艺复兴、启蒙运动,再到 18 世纪的工业革命,人文传统始终是当时学院和教会修道院等知识传承机构的主导领域。在 18 世纪之前,科学(Science)并没有得到建制化的确立,

---

[1] REUBEN J A. The Making of the Modern University: Intellectual Transformation and the Marginalization of Morality[M]. Chicago: University of Chicago Press, 1996: 25.

基本上还是业余爱好者的事业。但是,19世纪之后,科学快速地取得了建制地位,并且取代人文,成为占据主导地位的独立学问①。

人文研究指向对人类内心世界的探索,其使命在于探究世界的多元化。人文朝后看,聚焦人心、价值和差异。人文学科包括文学、历史、哲学、语言与文化、宗教与神学、艺术等。人文不同于科学。人文研究不是科学研究,两者有着完全不同的研究对象和方法。人文学科的研究方法侧重对文化差异的理解(Understanding),而不是对因果关系的解释(Explanation)②。自然科学的研究往往只有一个答案和一个真理,而在人文研究中,则恰恰相反,对于同一个问题,往往有着不同的答案,而且每一个答案都有其存在的理由和价值。我国社会学家费孝通曾有名言,"各美其美,美人之美。美美与共,世界大同"。这当然不意味着绝对的道德相对主义,以至于没有是非曲直的判准。在人文研究中,从来没有一个超越任何情境约束而普适的答案。因此,和自然科学的确定性不同,人文研究始终有一种以丰富为特征的多样性和模糊性。这种多样和模糊,并非模棱两可的随意性和不可确定,而是一种多重价值和偏好可以同时共存的丰富性。

自然科学回答的问题包括是什么和为什么。科学家所做的事情,是事关科学,而对科学家所做的对事情的解释,却无涉科学,乃是哲学。从历史上看,社会科学的源头是人类解放的驱动,而自然科学的源头则是人类谋求掌控自然,不甘臣服于自然的冲动③。当然,科学的源头和当下的功能并不是固定不变的。

自然科学研究指向人类对外部世界的探索,其使命在于探究世界的一律。科学朝前看,聚焦创新、前沿和未来。对于科学共同体而言,解答问题的方式是通过控制实验,可观察和可复制。科学的逻辑是:如果某个事物可以受控,并在控制之下重复再现,此即为真理。科学研究中用于回答问题的方法是实验和观察(包括调查问卷等)。科学研究的对象不因个体意志而改

①　OKASHA S. Philosophy of Science:A Very Short Introduction[M]. 2nd Edition. Oxford University Press,2016:2-5.

②　WRIGHT G H. Explanation and Understanding[M]. London:Routledge and Kegan Paul,1971:3.

③　PORTER T M,ROSS D. The Cambridge History of Science,Volume 7:The Modern Social Sciences [M]. Cambridge University Press,2003:214.

变。自然科学的研究对象是自然与物质世界。有一些自然科学的研究会以人为研究对象,比如医学和药学,但是,医学和药学之所以被认为是自然科学,因为它们都只关注人的生理状况(肉体),而不关注寄居在肉体之中人的意识和精神。科学在很大程度上取决于研究者能否不断重复相同的结果。这大概是为什么近年来不断有自然科学领域里的论文被撤稿的丑闻。因为自然科学领域里的发现,若无法被其他研究者重复,则其研究结果便备受存疑和挑战。

社会科学是介于自然科学与人文之间的学科,指向人类的社会世界以及精神世界与物质世界之间的交互。马克思的著名论断"存在决定意识",说的就是自然物质世界(存在)如何塑造了人的精神世界(意识)。作为一种学科门类,社会科学出现的时间最晚,是在 19 世纪后期。这既晚于人文,也晚于自然科学。社会科学关注当下,聚焦当下社会的重大现实问题。社会科学里常见的学科包括心理学、社会学、政治学、经济学、管理学等。社会科学研究关注的是符号和话语世界,比如社会认识、行为意图、立场态度、情感偏好、交往互动、社会思潮等。所有这些都是负载着意义的现象。人文与社会现象没有具体可见、五官可以感知的对象。没有人能够在物理意义上用肉眼看见大爱无疆或者背信弃义。正所谓"海枯终见底,人死不知心",这完全不同于自然科学所关注的没有意识和意义承载的自然与物质世界。

社会科学的知识绝大部分是情境依赖的知识。社会科学没有放之四海而皆准的普世真理。很多学者,尤其是人文和阐释传统的学者都曾提出,在社会科学研究中模仿使用自然科学的方法是非常成问题的,因为自然科学和社会科学分别关注了不同的对象,而且也使用了完全不同的研究方法,这是两种不可通约的研究。人文世界中,人行动中的意义追寻、反思能力和利益涉入,这些都是科学研究的自然和物质现象所不具有的特征[①]。

---

① GORTON W A. Karl Popper and the Social Sciences[M]. Albany: State University of New York Press, 2016: 41.

■ 二、价值使命：弘扬人文价值，增进人的理解和解放

为什么传播学专业的同学需要有厚实的人文基础？一个非常通俗的答案是做传播与沟通管理的人，必须要"说人话"。"说人话"，意味着既要对人现实境况了解通透，也要对共享文化和价值规范把握准确。否则，有效沟通将无从谈起。对于什么是人文经典以及如何阅读人文经典，已经有大量相关讨论。在这一节，笔者尝试专注于解释为什么人文经典中的人文知识，是学习传播学专业的重要基础。

究竟什么是人文？这是难以有简单共识的问题。但是，一般而言，人文主义是指尊崇人的价值、志趣和尊严的一套思想体系[①]。人文关注个体，而不是家族、种族、教派或国家。因为每一个个体，而非群体，才具有感受喜怒哀乐和恻隐同情的能力。人文主义的核心概念是对人的理解和解放。但是，人文主义是一个有着悠久历史渊源的概念，其内涵因不同文明形态和历史阶段而有差异。儒家代表人物孔子的名言"己所不欲，勿施于人"，被认为是伦理的黄金法则。其他如印度文明、伊斯兰文明等，也各有独特的人文思想传统。

我们重点梳理一下对于传播学影响最为深远的欧美人文思想传统。欧美人文思想的历史脉络，大致是起源于古希腊的人文传统，后经历了文艺复兴、启蒙运动，以及工业革命等不同阶段。

文艺复兴（Renaissance）是欧洲在经历了长达千年的漫长的中世纪阶段（5—15世纪）文化衰败和停滞之后，意大利及欧洲其他各地重新复兴古典文化和思想的运动。文艺复兴是一个源自法文的词汇，在法语中意指"再生"，主要是发掘古希腊时期的思想，旨在社会与文化的再生。这种文化再生，尤其表现为肇始于意大利北部，后散播至欧洲及世界，并不断丰富的人文主义[②]。这个阶段人文思想的特点是重视和呈现人性以及人的尊严。这在当时的雕塑和绘画等艺术品中得到了最佳呈现。当时人文思想也激发了人们对于科学和数学的兴趣。著名画作《蒙娜丽莎》的作者达·芬奇就投入

---

① LAW S. Humanism: A Very Short Introduction[M]. Oxford University Press, 2011: 15.

② KING M L. A Short History of the Renaissance in Europe[M]. Toronto: University of Toronto Press, 55.

了大量的时间用于对解剖学、飞行、动植物的结构等的研究。据说达·芬奇因此而少有作画的时间,因而流传后世的画作并不多。尽管当时的人文思想仍旧强调神学与真理的兼容和统一,但是客观上具有祛魅宗教权威的社会后果。

启蒙运动(The Enlightenment)是发生在 17—18 世纪的欧洲的一场与理性、科学和进步等主题相关的思想解放运动。启蒙运动时期很多思想家并不是无神论者,但是启蒙运动人文思想的核心是尊崇和使用理性,来理解人类所处的世界,并改善生存处境。启蒙运动因此被认为是理性的年代(Age of Reason)。弗兰西斯·培根对科学方法的探究,布鲁诺和伽利略对天主教会权威的挑战,以及他们的理性主义思想为科学与人文的分家,铺垫了重要基础。按照康德的理解,启蒙就是"人类从自我造成的不成熟状态中解脱出来。不成熟是指缺少他人的教导,就没有能力运用自己的理智。这种不成熟状态之所以是自我造成的,其原因不在于缺少理智,而在于没有他人的教导,就缺乏运用自己理智的决心和勇气"。

18 世纪后半叶至 19 世纪前半叶,英国工业革命和法国政治革命被称为"双重革命"①。"双重革命"影响了人类历史的演进方向和轨迹(现代社会的开端)。19 世纪,马克思、韦伯和涂尔干,分别从不同的角度在思考现代社会的问题②。以马克思为例,困扰马克思的一个核心问题是:工业革命之后,现代社会生产能力极大地提高了,(工业化国家)完全可以生产足够所有人需要的物品,为什么现实社会中却仍旧普遍地存在匮乏、贫困和压迫?马克思曾用了多个概念来理解当时的社会困境,如异化、解放和革命等。

按照马克思的理解,人的异化(Alienation)是在工业资本主义情境下,工人被机器和劳动过程所控制和扭曲。"异化"的概念后来延伸为指代没有权力、没有意义、没有规范、文化和社会疏离等社会境况中,人为物累,心为形役,以至于失去了全面发展的可能。而人的解放(Emancipation)是争取更大的自由、平等和福利。革命(Revolution)最终目标就是人的解放,就也是为绝大多数人争取更大的自由、平等和福利而开启新时代。政变或中国

---

① HOBSBAWN E. The Age of Revolution:1789—1848[M]. New York:Vintage,1996:10.

② GIDDENS A. Capitalism and Modern Social Theory[M]. Cambridge University Press,1971:5.

历史上的改朝换代,往往不以多数人更大的自由、平等和福利为目标,这也正是政变和革命的不同。

涂尔干的"失范与团结",韦伯的"理性的铁笼",哈贝马斯的"生活的殖民化"等,都是在试图对现代社会的问题和困境做出分析。

上述是对欧美人文思想历程尝试做出的非常扼要的回顾,从中可以发现,人文主义最早起源于文艺复兴时期对于宗教权威和传统的否定,以及对人本价值和尊严的确立,后又发展为启蒙运动的理性主义,以及再后来18—19世纪社会理论所关注的对人的理解和解放。

人类数千年沉淀下来的人文思想及其经典,是我们获得人文知识的必由之路。人文的知识不同于科学的知识。人文知识的"无用",在于人文知识无法像科学知识那样,直接地转化为服务于经济和产业发展的应用知识和财富机会。而人文知识的价值或"用处",在于为人的安身立命提供情感和道义支撑,在于为人应当做什么提供价值规范和评估尺度,而这些恰恰正是科学知识所不能提供的。

人文思想传统一直被认为是校准自然科学和社会科学研究方向的罗盘。传播学的学科演进历史亦是如此。承袭人文思想传统的传播学研究,成果非常丰富。2007 年美国全国传播学会(National Communication Association,NCA)曾经发布过一份报告,主要是对欧美英文文献里的相关研究。该报告区分出了 9 个领域,包括论辩、传播哲学与伦理、批判研究与文化研究、话语研究、媒介研究、表演研究、公共表达、公共领域(公共政策和公共文化)、修辞(理论、历史和批评)。这份报告提出人文视野里的传播研究经历了转型,即从关注个体的公共演讲等修辞立意的个人能力,转向关注现代性对于传播交往实践的影响。具体而言,是探索战争与和平、剧烈的社会变迁及其社会后果,如何影响了表达、交流的过程的艺术。

我国新闻传播学教育中也一直有深厚的人文教育传统。新中国成立之后,国内绝大部分新闻传播学系都是从中文系中独立出来的,甚至不少新闻传播学系至今仍旧设置在文学院或人文学院,从而在课程设置、培养方案和师资结构等方面,都不同程度地带着人文教育的底色。

新闻专业一直被认为具有政治性和文学性。但是,为什么在国内新闻学专业和文学的关系更为紧密,而和政治学更疏远? 这可能得从我国高校里人文与社会科学的学科演进历史中找答案。1952 年和 1956 年两次学科调整,政治学、社会学、心理学等社会科学学科陆续停办或转型,这大概是50 年代后国内新闻教育确立了以偏重文史教育为基础的重要背景。在这个过程中,新闻学的学科基础和知识体系,被削减和窄化为文史等人文学科,而丢失了社会科学的版块。这种缺失,一定程度上铺垫了 90 年代后国内新闻传播学教育抛下人文学科,遽然转向社会科学的基础。

当下更值得注意的可能是新闻传播学教育中重科学方法而轻人文思想的走向。20 世纪 90 年代后,为摆脱新学科理论根基薄弱的境况,谋求在高等教育里的学科合法性,我国新闻传播学教育界进入了全面拥抱社会科学,而轻忽人文思想传统的阶段。

我国新闻传播学教育中过往的人文教育传统的确需要反思和纠偏,因为以往国内新闻传播学教育中的人文传统成形于特定历史条件下,这是一种带有工具主义的技术导向和残缺不全的人文教育传统。工具主义的技术导向,是指服务于表达技术,而不是人文传统里以对人的理解和解放及全人培育为目标。残缺不全,是指偏重于文字、文学、文艺和书面表达,而偏轻于哲学和历史、艺术等方面的人文教育。鉴于此,我们有必要反思和校准人文教育的偏向,重新厘清新闻传播学专业人文教育的使命和任务。

三、方法使命:坚守科学理性,阐述科学的精神和方法

当我们提到"科学"的时候,通常有两种指向,即自然科学和社会科学。自然科学关注自然和物质世界,以创新和进步为价值观,其知识目标是揭示自然和物质世界里超越个体意志和文化差异的普遍规律(即真理)。社会科学关注人在社会里的交往、互动和沟通等符号与话语世界,以社会和谐为价值观,其知识目标是高度情境化的知识,并不存在超越时空、超越特定历史文化情境的普遍真理。

两种科学,各有长短。自然科学长于分析性解释和预测,适合回答实然的问题;社会科学长于价值判断和选择,适合回答应然的问题。正如牛津大学教授傅以斌(Bent Flyvbjerg)所说,自然科学所长,正是社会科学所短,反

之亦然①。正如社会科学在解释和预测理论方面贡献不大一样,自然科学在反思性分析和对价值及利益的讨论方面也贡献不大。而价值和利益观是任何社会开明的政治、经济和文化发展的前提条件,并且这是实践理性的内核。马克斯·韦伯也提出,对于事实做出科学精准的描述,并不足以告诉我们在规范和价值意义上应该如何行动②。在回答应该怎么办的问题上,社会科学远胜于自然科学。

为什么传播学专业的学生要学习科学技术？有两个理由。

第一个理由,是科学技术有助于拓宽我们的视野。一方面,科学知识的迭代是经济和产业发展的基础动力。科学技术是第一生产力。唯有掌握科学技术的前沿动向,我们才能了解现代社会演进的方向和可能性,并了解社会问题的来源。另一方面,在人文与社会科学各个门类里,几乎没有哪一个学科门类像传播学这样如此直接地受到科技变革的影响。无线电、微波、卫星、互联网等每一次技术革命,传播学的知识都会因为技术介质不同而经历革新。与科学技术直接相关的传播学研究,包括早年的控制论和系统论、最近新兴的媒介与科技研究等,多关注科技与社会的(因果)关系、技术生产与消费的过程,以及技术的社会影响等。

第二类理由,是以科学精神和方法为内核的科学理性及其方法论。首先,自然科学具有科学理性和技术理性。自然科学的理性是工具理性,以在各种约束条件下取得最优解为目标。我们学习科学,重点不在于科学知识本身,而在于科学知识背后以科学精神和方法为内核的科学理性。由于学科的分工,如今我们已经无法同时学习科学和人文,并在两个领域都做到卓越。鉴于此,系统全面地掌握科学知识,对于绝大多数人而言都不太可能做到。但是,掌握科学的精神和方法,则不仅必要和可能,而且是一种必须。其次,社会科学具有价值理性。如果说科学理性指向的是自然物质世界,那么价值理性指向的则是人文社会世界。社会科学的理性是价值理性,以社会的公平正义最大化为目标。价值理性的概念不仅丰富了我们对于理性的

---

① FLYVBJERG B. Making Social Science Matter:Why Social Inquiry Fails and How It Can Succeed Again[M]. Cambridge University Press,2001:25.

② PORTER T M,ROSS D. The Cambridge History of Science,Volume 7:The Modern Social Sciences [M]. Cambridge University Press,2003:53.

理解,而且也在两类理性的比较中,我们可更完整地理解到这两类理性的差异,尤其是 300 年来科学和技术理性/工具理性逐步占据主导,而价值理性渐趋退位,导致各种全球性的社会问题不断出现。如何平衡科学与技术理性(工具理性)和价值理性,并且让价值理性引领工具理性,成为当下科学研究中最为根本的问题之一。因为社会科学所探究的问题,无不涉及判断、决策和选择,也就无法超脱于价值涉入①。

下面分别对两种科学的两类理性,即自然科学的科学理性、技术理性和社会科学的价值理性,做一些更为详细的阐述。

1. 自然科学的科学理性与技术理性

科学理性侧重以可靠和客观的方法探索、揭示和认识世界的知识生产,而技术理性侧重以实践知识解决问题。自然科学的科学理性和技术理性对于社会科学的影响,主要是在研究方法和方法论上。客观地说,这也是自然科学对于社会科学最主要的影响。

人类对于科学和真理的理解在 19 世纪之后发生了显著的变化。在 19 世纪之前欧洲和美国的古典学院中,所有的知识都是有关神的知识。因而,在这种情境里的教育理念,知识和道德是统一的整体。19 世纪的知识分子对于真理(Truth)的理解,除科学和事实之外,还有精神、道德和认知等多种面向。进入 20 世纪之后,才出现"事实"与"价值"二分的辩论,并且"价值"被逐步从科学和事实的构成中剥离出来②。"真理"被认为是可以被经验证实的知识,而在科学的标准之下,"道德价值"就会由于文化差异而不同,因而难以被证实为具有普适性的"真",不再被纳入在"真理"的范畴之内。20 世纪之后,只有科学(Science)才是真正的知识,而道德和精神价值则在情感和道义的意义上是真,而难以或无法在认知或可以证实知识的意义上为真。

科学与其他学科最大的不同在于科学对于客观性和可靠性的追求。科学是用实验、观察和理论建构的方法来理解、解释和预测我们所寄居世界的各种奥秘。怀疑、证伪、公开辩论、实证检测等科学方法是我们获得可靠知

---

① DOUGLAS H E. Science, Policy, and the Value-Free Ideal [M]. Pittsburgh, PA: University of Pittsburgh Press, 2009:23.

② SELZNICK P. A Humanist Science: Values and Ideals in Social Inquiry [M]. Stanford University Press, 2008:24.

识的来源。大约从 17 世纪中期起,在天文望远镜和显微镜的帮助下,越来越多的科学家为人们揭示了宏大宇宙和微小细胞的奥秘。在这个过程中,推动科学革命一轮接一轮次第展开的关键,是科学研究方法的革新。基于理性的方法及思考,科学如同烛照黑暗的明灯。过去 300 多年里,从迷信和无知,到知识和理性的转变,科学之于社会进步的贡献最为卓著。

科学之所以能保持其权威和可靠性,不在于科学家永远不出错,而在于科学家通常都愿意承认今日的科学知识存在某日被证伪的不确定和未知。虽然数据可以为一个科学理论提供证据支持,但是从来不能为某一个理论提供作为全部真理的确定性。伴随着新理论的发展或新证据的获得,科学理论中原本被认为是正确的内容,很可能会被全盘推翻。但是,这并不会损及人们对于科学知识是可靠和客观的认可。恰相反,正是由于愿意在新证据出现的情况下修正理论,这反而使得科学理论具有可塑性和灵活性,这也是科学能够长期维系其权威地位和可靠性的关键来源。

究竟是采用科学的方法,还是人文的方法来生产知识,这个问题的背后是科学与人文在方法论上的差异,以及对于知识的不同理解和立场。科学研究的目标是要发现超越个案具体情境,在不同时空条件里均具有普适性的一般规律。这被称为普遍规律(Nomothetic Approach)法,即通过对众多个案的研究,力图找出普适性的规律。而人文和社会科学的研究,则更侧重在理解特定时空情境中每一个主体、事件或现象的可能性、多样性、复杂性和动态性,这被称为是特殊规律(Idiographic Approach)法。这是通过对特定事实或过程的个案展开研究,力图找到对该个案的理解。简言之,自然科学旨在寻找和解释一律,而人文和社会科学旨在寻找和理解差异。

总之,科学作为一门学问,对于传播学的价值,不仅仅是扩展和丰富了传播学的研究领域,更有研究方法的方法论意义。当然,需要警惕对科学的崇拜,以及把科学方法绝对化为获取知识唯一方法的唯科学主义(Scientism)。对于现代自然科学的过度崇拜和信任,认为科学知识是人类知识的全部,而自然科学的方法可以用于哲学、人文和社会等所有领域的研究,被称为唯科学主义。唯科学主义的反对者认为,科学并不是人类唯一有效的智力活动,且也不是理解世界的唯一方法。反对者所反对的并不是科学本身,而是反对假定科学方法是解决所有问题的有效方法。在假设-演绎

(Hypothetico-Deductive)的科学方法之外，还有以诠释、话语分析、民族志等人文和社会科学为基础的质化研究方法，同样也是认识世界的方法。因此，反对唯科学主义并不是反对科学，而是让科学复归其本位，反对认为科学知识是人类全部知识所在。

2.社会科学的价值理性

源自自然科学的科学理性和技术理性，有助于我们在比较中理解指向人文社会的价值理性。

如果自然科学的方法帮助人类揭示了自然世界的奥妙，那么它同样也可以帮助人类洞见人性和社会，从而减少社会的冲突，增进社会的协作。这曾经是启蒙时代的理想。受启蒙思想家的影响，自由主义有一个经典命题：给予思想、言论和探索的自由，人类共同的理性将引领我们逐步走向关于真理的共识，并拒绝错谬。这个原则曾经被认为不仅适用于自然物质世界，也适用于人文社会世界。在道义、伦理和政治等人文社会科学领域，正如人类理性已经揭示了物质及其运动的普遍规律一样，人类理性也将揭示人性、社会、道义和政治的普遍规律。

但是，社会科学、科学哲学和伦理的现代发展，激发了人们存疑和挑战启蒙思想家理性观的合理性。我们的理性能力是有限的，因而人类实际的自由理性实践，在道义和社会规则方面，通常产出的是分歧（而非共识）。在这样的挑战和存疑下，后启蒙思想家对于理性的理解和阐述也抛弃了启蒙思想家理性观的很多内容，但是，启蒙思想家理性观的内核仍然被认为是正确的：理性能够引领我们在保障人类自由的公共原则上趋于合一（而非分歧）。

针对启蒙思想家理性观的反思和挑战，主要源自自然科学和社会科学的不同。在研究对象、方法和使命等各个方面，自然科学对于自然世界的研究都和社会科学研究存在显著差异。

以赛亚·伯林就曾经反对以自然科学知识的实证范式，作为社会科学衡量的标准和模仿的对象。他认为社会科学和自然科学在研究对象的性质和知识的类型上，都截然不同。社会科学的研究对象，是人类自己创造并寄居其中的人文世界，而自然科学关注的是自然物质世界。自然科学家是从外部来探究自然物质世界,是自然世界的观察者;而社会科学家是从内部来探究人文世界,是人文世界的思想者。在社会科学中,研究者自身的思想、生活和经验,都是研究的对象;在自然科学中,研究者是客观和没有任何主观涉入地超脱于研究对象。

鉴于此,自然科学家可以超然独立于研究对象,而社会科学家与研究对象的距离要紧密很多,而且始终无法绝对地超然于外。社会科学关注负载意义的社会行动,其主体是具有反思性的人,完全不同于自然物质世界里的粒子构成。正是人及其语言使用,从物质现象中生成了意义。这个赋予意义或刻入重要性的过程,会因不同时间、不同文化,甚至不同的人,而呈现不同。换言之,社会科学领域,并不存在超然于外的研究。社会科学要求研究者进入社会世界,而社会世界是由其社会成员的意义生产活动来生成、界定和维系的。

运用自然科学方法获取的知识,往往被认为比社会科学等其他方法获取的知识拥有更大的公共权威。我们需要警惕这种非常普遍,被视为当然的偏见。实际上,这种偏见在 18 世纪就已经存在,甚至被制度化。早在 1795 年法兰西学院成立时,社会科学是二等科学,而自然科学才是一等科学。在德国,社会科学被认为是科学的一个分身[①]。而在社会科学的大屋顶下,不同学科的地位在历史上也曾有差异。心理学、社会学和人类学研究者被称为是知识分子(Intellectuals),而政治学和行政学研究者因为主要是服务于政府行政任务,被称为专家(Experts)。这是一种低于"知识分子"的身份。

对于自然科学的科学理性和技术理性及其方法,若简单地应用于社会科学,还会带来麻烦。对现代社会工具理性的单向度发展之后果,韦伯最早做了全面和系统的分析。韦伯的分析侧重在理性主义的社会和文化后果,具体形式是理性对于人的异化和传统价值的侵蚀。无论是 20 世纪前半叶两次世界大战的爆发,还是 20 世纪后半叶的环境污染、气候变暖等全球性问题,都警示我们,科学并不总是带来进步和社会福利的增加。比如核技术

---

① PORTER T M,ROSS D. The Cambridge History of Science,Volume 7:The Modern Social Sciences [M]. Cambridge University Press,2003:210.

既可以造福人类（如发电、医疗等），也可以毁灭世界（如原子弹）。

总之，传播学专业学生学习科学技术，既有拓宽视野的原因，也有启发学习以科学精神和方法为内核的科学理性的原因。相较而言，两类科学的不同理性，即自然科学的科学理性、技术理性和社会科学的价值理性，对于传播学的方法及方法论的影响，尤为值得关注。

■ 四、功能使命：以社会问题为起点，构建和谐社会

社会科学聚焦于群体及其互动，指向社会关系中的问题、矛盾和冲突，旨在构建更为美好和谐的社会。尽管社会科学里各个门类关注问题各异，但共同交集是社会科学的终极目的在于通过解决重大现实问题，来增进社会总体福利，以及对于道德和社会境况的持续改善。

现代社会科学孕育和成型有三个关键历史阶段。14—16世纪的文艺复兴和17—18世纪的启蒙运动，铺垫了社会科学兴起的土壤。目前较为普遍的看法是，社会科学作为一门学问的出现，是在18世纪中叶至19世纪中叶的百年里，英国的工业革命、法国的政治革命及美国革命的产物①。同期，也是人类社会进入现代社会的大转型时期。孕育成形中的社会科学与社会剧变互为条件，交互影响，是推动人类意识和认知革命的关键要素，共同塑造了现代社会的政治和经济转型。

在社会科学成为一门学科之前，比如在启蒙运动后期，自然哲学（Natural Philosophy）在欧洲曾经被认为是最为可靠和权威的知识体系。自然哲学最为基本的形态，是找寻自然世界运行的原理和规律，并取代超自然的玄想。不可避免地，与此相关的还包括与公共领域相关的民族国家形成、立法行政及与司法相关的政治思想，以及与私人领域相关的道义和处世方式等，这被称之为"道德哲学（Moral Philosophy）"，也就是社会科学的前身②。

启蒙运动思想家的观念被认为是孕育了作为人类进入现代社会之现代性分水岭。基于事实依据，社会问题的研究者在政治、道德、经济等各个领

---

① HEILBRON J. Rise of Social Theory[M]. Minneapolis：University of Minnesota Press，1995：21.

② PORTER T M，ROSS D. The Cambridge History of Science，Volume 7：The Modern Social Sciences [M]. Cambridge University Press，2003：539.

域展开对于世俗社会的探索，并且超脱和独立于建制权威和教会教条的束缚。平等、宽容、民主、个体自由的观念，成为对君主、贵族、权威和传统的挑战。

18世纪中叶至19世纪中叶，人类社会的现代转型带来诸多问题。世俗社会的道德和社会秩序、民族国家的生成和兴起、工业革命后带来的各种社会问题，比如贫困、阶级冲突、种族和民族差异与移民问题等，都是早期社会科学家试图解答的问题。他们试图在启蒙运动和人文主义传统中，找寻更完善的方案。无论是马克思，还是韦伯、涂尔干，都试图对于现代社会的根本问题做出自己的解释和解决方案的构想。空想社会主义者圣西门，就曾经是早期社会科学发展历史上的重要贡献者①。对于英国工业革命和法国大革命后，19世纪早期的社会困境，圣西门、欧文和傅立叶等空想社会主义奠基者非常了解。在空想社会主义者看来，对人和社会的科学理解，是走出当时困境，实现社会重建的前提条件。社会学的创始人孔德就是空想社会主义者圣西门的一位学生，他提出以实证的科学方法，而不是传统或宗教的解释，来改造社会②。

社会科学是对以人和社会为研究对象的很多学科门类之统称，关注社会里的人以及人如何彼此互动。社会科学探究的焦点在于社会作为一个整体以及社会中彼此交往互动的个体。社会科学包含了范围非常广泛的研究领域，比如关注思维活动的心理学、关注公共事务的政治学、关注文化及其演化的人类学、关注群体与阶层的社会学、关注行为和行动规范的法学等。总体而言，社会科学的研究旨在增进不同社会群体之间的包容与和谐共处。不同社会主体之间做好利益的协商和平衡，并为这种利益协商和平衡提供约束和赋能不同群体的规范和准则，让大家能够有章可循、有规可依，并基于此能够有助于培育包容体谅、尚礼贵和的共同体。

社会科学在不同的历史阶段和国家，曾经有过不同的别名，比如人的科学（Sciences of Man）、道德科学（Moral Sciences）、行为科学（Behavior Sciences）、人类的科学（Human Sciences）等。而且，一些学科门类的学者对

① HEILBRON J. Rise of Social Theory[M]. Minneapolis：University of Minnesota Press，1995：13.
② GAMBLE A，MARSH D，TANT T. Marxism and Social Science［M］. Urbana and Chicago：University of Illinois Press，1999：106.

于将本学科归属在社会科学的标签之下,也很不服气。比如心理学家就一直试图将心理学与社会科学区隔开来,而力图与生物学家友好结盟。经济学家也常常认为社会学和社会科学具有同等地位,是平起平坐的兄弟学科,而不是隶属在"社会科学"名下的子学科。

在我国,不仅传播学是新兴学科,而且作为传播学学科根基和土壤的社会科学也是20世纪70年代后才逐步重建的"新兴学科"。这大概是国内传播学作为一门学科,其根基薄弱的历史根源。1977年,中国社会科学院在原来中国科学院哲学社会科学部的基础上创立,被认为是我国重建社会科学的里程碑。

20世纪80年代我国的农村改革、90年代的城市化和城镇化、21世纪以来的融入全球市场与全球化,也为包括传播学在内的社会科学的发展提供了纷繁多彩的研究机会。在80年代和90年代中期,传播学的学科地位,正如张国良教授所叙述的,"传播学充其量是作为新闻学的一种补充和借鉴而引进的,因而,自然处于学科的边缘位置"[①]。1996年,传播学和新闻学作为两个二级学科,成为"新闻学与传播学"一级学科的共同构成。2002年,传播学正式被列入了教育部高等院校本科专业目录当中。这是两个重要的里程碑,标志着传播学从80年代早期引介进入国内,并进入大学新闻学专业的辅修课程后,进而成长为一门建制化的学科。

在社会科学的各种学科门类中,有一些更接近于人文研究,比如文化人类学,而有一些则更接近于科学研究,比如认知科学。与此类似,新闻传播学作为一门社会科学,新闻学更接近于人文研究的传统,而传播学被认为和科学范式有更多交集。但是,总体而言,传播学研究的范式和科学范式的交集更大,因为传播学的研究始终是在追问问题、提出假设,并基于经验事实和数据来检验假设,从而校正研究者的直觉判断和偏差。

社会科学关注的是独特事件,不同于自然科学关注的是可重复发生的事件。作为社会科学大家族中的传播学,主要关注的正是人的精神世界。由于研究对象是人的精神世界,和所有社会科学的研究一样,传播学研究总

①　张国良.徜徉在时代与学科的光影之间:我和复旦传播学的若干回忆[J].新闻大学,2019(10):81-87,127.

体而言还是长于(复杂性的)理解,不擅长(因果关系)解释,并且几乎无法准确地进行(未来趋势)预测。和自然科学可以准确地预测在气温、压力和容积等因素交互作用之下天然气将在何时发生爆炸不同,社会科学往往难以预测在个体、组织和制度等各种因素交互作用下,集体行动会在何时何地发生。

由于社会科学家难以或者完全无法像自然科学家一样针对复杂问题给出确定的答案,社会科学家常常被认为能力不如自然科学家。这实际上是由于把自然科学和社会科学等同看待而造成的误解。因为社会现象本来就有着不同于自然物质现象的规律,所以需要使用不同的理论和方法去理解和解释。社会集体行动现象由于其生成因素复杂多变,而且因具体社会政治结构及历史文化情境差异,不同因素交互作用,很可能本来就不存在普适性的规律,而社会科学家只不过是徒劳而无知地找寻并不存在的普遍性规律。即使存在特定条件下的规律,也很可能因为社会现象背后各因素交互作用的影响机制,其实无法像自然物质现象那样具有确定和准确性[①]。

2016 年 5 月 18 日,习近平总书记在哲学社会科学工作座谈会上指出,"要加快完善对哲学社会科学具有支撑作用的学科,如哲学、历史学、经济学、政治学、法学、社会学、民族学、新闻学、人口学、宗教学、心理学等,打造具有中国特色和普遍意义的学科体系"。新闻传播学是与实践关联非常紧密的社会科学,尤其需要关联当下中国重要的现实社会问题,并与社会科学中其他各个学科门类形成积极和良性的互动,让新闻传播学也参与并成为社会科学转型和重塑的构成内容。

在 1750—1850 年这 100 年间,发生以工业革命和政治革命为内容的双重革命,工业化、城市化等社会大转型推动了政治和道德哲学的解体,并向包含了社会学、经济学等更多细分领域的社会科学转型。在这样的背景下,新闻传播学如何成为一门对哲学社会科学具有支撑作用的学科,回应社会和时代巨变,并回答新双重革命催生的社会问题,以问题为起点,构建更为美好和谐的社会,这是这一代学者的机会和使命。

---

① GEORGE A L,BENNETT A. Case Studies and Theory Development in the Social Sciences[M]. London:The MIT Press,2015:12.

五、结语

二战后,传播学作为一门建制化学科问世,有一部分原因是和传播学有用而被权力器重有关。目前在新媒体环境里,传播学被日益视为一门显学,主要的驱动力量也是在于传播学知识和工具所具有的策略性价值,尤其是在解决现实问题时所具有的工具性价值,而不是这门学问内在的革命性变革。鉴于此,基于公共传播学科的三种知识来源,即人文、科学和社会,我们提出公共传播教育的三种使命,即弘扬人文价值(价值使命)、坚守科学理性(方法使命)和构建和谐社会(功能使命)。

20世纪上半叶法西斯主义的兴起、20世纪后半叶消费主义的泛滥,相当大程度是包括社会心理学、传播学等学科知识,被用于操纵人的意识和偏好的结果。宣传、说服等传播学知识是曾经的帮凶。回顾传播学学科发展的历史来路,无一不在提示和警醒我们,我们需要重新将人文价值的教育唤回到传播学教育当中来。没有人文价值的引领,传播学仍旧可能很有力量和有功用,但是却是没有灵魂、意义和方向感,甚至是危险的。

人文价值是校准科学理性之效用和社会问题之对策的罗盘。正如陶东风所说:"新文科固然要反思现代性,这种反思的目的是要推进现代性,而不是回到中世纪去,新文科也应该坚持在传统的人文主义立场上推进。"[①]现代大学的教育,总体上被认为是一个逐步从道德教育转向理性教育的过程。在这个转型过程中,现代大学的改革者,非有意地抛下了人文教育。而人文价值原本是大学教育的灵魂。如果说自然科学的关键字是"真",社会科学的关键字是"美",那么人文学科的关键字就是"善"。无论是欧美古典学院,还是中国书院,在转向现代大学的过程中,总的方向都是转向自然科学(求真)和社会科学(求美)。同时,这也是大学改革者身不由己,并非有意地放弃求善(人文学科)的转型[②]。在新媒体重塑传播学学科身份和知识谱系的历史关头,我们在大力推动传播学之科学化和学科化的同时,迫切需要拾回和重振目前传播学教育中的人文传统。

---

① 陶东风.新文科新在何处[J].探索与争鸣,2020(1):8-10.

② MARSDEN G M. The Soul of the American University: From Protestant Establishment to Established Nonbelief[M]. Oxford University Press,1994:6.

第十章

公共传播案例教学的理念、
方法与知识更新

【本章概要】鉴于新媒体技术革命对于公共传播实践带来的挑战，我们提出与公共传播教学相适应的案例教学理念、方法和知识更新策略。公共传播案例教学以促进公共理性为教学理念，以培育理性表达和研究决策能力为使命，具体则从两个层面来进行：其一，以案例讨论、情境模拟、解决问题为导向的方案设计等为内容的课上案例教学；其二，以走入案例现场的实地调研，基于实证材料的案例编撰、修订和分析为内容的课下案例教学。此外，为适应互联网技术变革的背景下公共传播学科知识变革的动态、复杂和不确定性，笔者提出以案例研究为知识更新的策略，创新和丰富公共传播教学中的知识生产过程和知识体系。

我们为什么要在公共传播教学里开展案例教学？一个非常简单且直接的回答，是因为互联网技术革命，彻底地塑造了人们在日常生活和工作中决策时所处的信息环境。而案例研究是最适合用来回答在复杂环境里如何决策的研究方法之一。案例教学最早源起于临床医学，后来延伸到了法学、工商管理、国际政治等领域，所有这些领域的现实问题，都涉及如何在信息不完备、不对称的复杂环境里进行决策。

传播是在宏观社会结构条件下，行动者围绕信息生产、互动与散播而展开的一种社会实践。传播管理则是对传播过程、效果及其社会影响进行的管理。传播管理相关课程的教学，主要是围绕公共传播、应用传播或策略传播等具体实践形态而开展的课程教学。

目前,方兴未艾的新媒体技术革命是人类历史进程中前所未有的巨变。这场巨变直接表现为重造了信息的生产与流通模式,推动了信息生产与散播呈现出即时、互动、去中心化和去中介化的特征,并极大地降低了信息生产和流通的成本。而这些直接影响带来的间接社会后果,不仅塑造和重构了社会关系,也塑造了人们身份认同的过程和机制,改变了人们决策所处的信息环境。

学科变革的动因往往既有技术因素,也有社会因素。20世纪末和21世纪之初,在传播科技推动之下,人类媒介环境正经历千年未有之巨变。作为关注信息的产制和流通的社会科学,传播学正处在这场革命的中心位置。这对传播学提出了空前的挑战,促使我们需要重新思考传播学的身份、边界和定位,并基于此调整我们的学科建设与人才培养的思路和方案①。本章结合中山大学新闻传播学院近年来的教学改革和实践,探讨公共传播案例教学的理念、方法与知识更新。

一、新媒体技术革命中公共传播教学面临的挑战

1. 教学理念的挑战

从尊崇教师作为唯一的知识权威,到激发学生发现和生产知识的积极能动性,推动学生从被动接受转向积极学习,但是在根深蒂固的讲授主导型教学传统里,要实现这样的转变将会是一个艰难的过程。因为这样的转变,同时挑战了教师和学生原本习以为常的师生身份和固有观念。

对于学生而言,这意味着学习观念要改变,需要更突出个体的能动性和主动性,让自己成为知识发现和生产的主体,而不是做消极被动的知识接受者。对于教师而言,也要更新教育观念,不再固守单向教导的耳提面命,而是要放下身段,鼓励学生参与到作为知识发现和生产的教学过程当中。

由于学生学习所处的信息环境以及信息获取方式均发生了极大的改变,专业知识获取的便利在一定程度上减少了以往师生之间的信息不对称。

---

① 张志安. 从新闻传播到公共传播:关于新闻传播教育范式转型的思考[J]. 暨南学报(哲学社会科学版),2016(3):77-84.

尽管教师与学生的判断能力仍旧会有高下之分,但在知识获取层面上,教师不再是知识的垄断者。在这种情况下,高校的课堂教学迫切需要从知识单向传授型教学转向双向互动型教学,更强调和突出学生在学习过程中的主体性、师生密切互动以及在实践中学习的意识。

2.教学方法的挑战

作为适应上述转型的一种教学方法,案例教学可以发挥重要作用。案例教学不是传统的教师主导讲授型教学方式中的举例教学。传统的讲授型教学作为一种方法有其长处(比如启发、激励和引导等),仍然会继续存续下去。对于新闻学概论、传播学原理等专业基础课程,学生可能更愿意把教师作为主要的知识权威,并乐意接受传统的讲授模式。对于风险传播、公共传播等专业进阶或实务课程,学生可能具备了更好参与案例讨论的能力和兴趣,因而更有可能参与到案例教学当中。

此外,对教学方法和效果的评估也需要改变,从以往只专注对教师表现和绩效的评估,转向对学生知识和能力掌握程度的评估。由于公共传播教学里的很多课程,并不是单一的知识传授,而更侧重培养应用知识来解决问题的能力,因此需要开发全新的教学效果评价方法和测量工具,总体导向上更加重视学生学习成果的产出。

3.知识更新的挑战

新媒体技术变革给传播学学科知识带来的一个重大挑战,是传播学知识的新陈代谢速度加快了。越来越多的学者开始反思,传播学已有的概念或理论需要适应新的媒介环境而更新,有的概念或理论则变得陈旧和过时了[①]。在当下的技术变革背景下,什么样的传播学知识能获得合法性,从而进入课堂,成为可以传授的知识,这是充满分歧的话题。当然,正因为存在这样的不确定性,也更凸显了以案例的开放和丰富性来适应传播学学科知识之动态性和复杂性的迫切性。

国内已经有相关的高校在人才培养模式上做出了回应。中山大学、中国人民大学较早开始探索公共传播的教学课程和培养模式,而南京大学、浙

---

① KATZ E, FIALKOFF Y. Six concepts in search of retirement[J]. Annals of the International Communication Association,2017(41):1,86-91.

江大学等高校改造其原有的广告学系,更名为"应用传播系"或"策略传播学系"。近年来,包括风险沟通、科学传播、健康传播等在内的公共传播教学与研究在新闻传播学领域里的重要性日益凸显,而案例教学方法也越来越多地应用于新闻传播学中公共传播的相关课程。

■ 二、教学理念:以公共理性引领公共传播的案例教学

临床医学的案例教学强调以人文价值作为引领,法学的案例教学强调的是公平正义,工商管理的案例教学强调的是商业伦理,公共传播的案例教学则需要以公共理性作为基本原则。

公共理性是客观中立的公共理由,它超越了个体的利益、情感和偏好等个体理性,是全体公民之多元理由的重叠共识①。换言之,公共理性是衡量论辩内容的标准,任何论辩必须用所有人都能够接受的说法来呈现,因而排斥了私利和偏狭。公共理性有三个层面的含义②,既是一种公民的公共推理能力,也是一种公民广为认可并接受的公共理由和证据,还是一种共享的公共价值。但是,公共理性并不等同于某一种具体的实质政治价值,比如公平、正义、平等。我们之所以提出以公共理性来引领公共传播的案例教学,主要基于以下三方面考虑。

首先,传播学作为一门学科起源于公民教育的历史和传统。如果把传播学的历史放置在更大的时间尺度里,我们会发现在传播学作为一门学科在高等院校里获得建制化地位之前,其主要的历史渊源(尤其是西方修辞学和言语传播)是公民教育的历史和传统。这和协商民主紧密相关,但二战后传播学建制化后,这种联系被弱化了③。这两者联系的弱化,尤其体现在大众传播学作为一个学科的建制化过程。大众传播学起源于策略传播,关注信息传播的过程和效果。大众社会里的大众传播及其研究,承袭了诸如伯克、李普曼、科恩豪泽、熊彼特等的社会理论,一直对公众持有消极悲观的态度,认为公众往往缺乏知识和理性,因而公众参与将导致效率低下,过程

---

① "公共理性"是一个复杂的概念。本书这里的界定,是在万俊人的定义基础上修订后做出的。

② 汪远旺. 两种公共理性[D]. 杭州:浙江大学,2017.

③ CARCASSON M, BLACK L W, SINK E S. Communication studies and deliberative democracy: Current contributions and future possibilities[J]. Journal of Public Deliberation,2010(1):8.

难以控制且成本很高，收益却有限，经常败坏而不是改进决策。因此，欧美尤其是美国主流传播学研究（如行政学派），旨在通过传播与沟通的手段，实现对公众认知、态度和行为的影响、干预和控制。这种策略范式里的传播学研究，弱化了传播学与公民教育传统之间的联系。

无论是一战和二战的战时宣传研究，还是二战结束后欧美进入消费社会后，传播学，尤其是说服传播的知识广泛地应用于广告和大众营销，以及 20 世纪 50—80 年代冷战时期的国际传播和东西两个政治阵营之间的心理战，还有 20 世纪 60 年代民权运动推动政治选举权利实质性地在大众中普及后政治选举中的选战和造势，都在传播学作为一门学科的创立和成长过程中，留下了深刻的烙印，这使得传播学始终有着很强的策略传播传统。

但是，在新媒体环境里发展传播学，传播学如何延续和继承公民教育的传统却是值得我们深思的问题。毕竟，在社交网络、区块链等新媒体技术革命中，去中心化和去中介化的媒体技术将不可逆地强化公共生活中的公众参与。而在对于公众的知识和理性持悲观态度的社会理论家之外，还有一个乐观的社会理论家阵营，多为共和主义和自由多元主义的社会理论家，如卢梭、托克维尔、阿伦特、杜威等。该阵营认为公民参与是确保政治合法性的必要，也是一种抵御多数人意见暴政的"道德力量"。而且，参与式政治也有多种实用价值，比如扩展决策视野，整合不同阶层和群体的价值观、知识和话语，从而实施更优方案等。

其次，尽管公共生活中大部分公共传播现象都是策略传播，但规范和约束公共空间里策略传播活动的制度逻辑则是公共理性。无论是从从业者数量、投入的资金数量上看，还是从传播与沟通活动所产生的信息数量上看，现代社会中大部分公共传播现象都是围绕着特定战略目标而展开的策略性传播活动（如广告、公共关系、选战与造势等）。这也意味着公共传播案例所关注、观察和分析的大部分对象，不可避免地会是特定组织开展的策略传播事件。换言之，这涉及我们在编制和使用公共传播案例时，如何批判性地看待这些策略性行动，并审慎客观地处置和使用其留下的各种文献档案。

哈贝马斯曾区分出两种类型的社会行动，即交往行动（Communicative

Action)与策略行动(Strategic Action)①。策略行动是基于工具理性,以控制、影响和争取成功为目标;交往行动则是基于交往理性,以寻求理解和共识为目标。社会与政治理论家通常将这两种不同类型的行动并置,并认为两者不可兼容而且相互排斥。

但是,这一对规范性理论概念所指向的社会行动类型,在现代复杂社会里,其界限并非一清二楚。不仅电子媒体的出现使得公私边界早已趋于融合和相互渗透,社交媒体的兴起,更是推动了自利导向的策略性行动者空前活跃地参与到正式或非正式公共领域里的大众自传播(Self-mass Communication)实践当中。无论是作为规范公共行动中可为与不可为的程序理性,还是作为约束人们行动正当与否的社会共享规则和规范,公共理性作为一种规范性的理想,都对进入公共领域的策略行动者构成约束②,两者的张力在社交媒体环境里更为凸显。

具体而言,公共传播往往会涉及的问题是在特定任务情境下,组织该如何行动。这是一个实践理性的问题。实践理性指向的是行动推理,回答做什么的问题,不同于回答事实是什么的问题③。但这两者的关系其实是交互影响的,并非是割裂的。因为对于事实的界定,会直接影响人们在行动问题上的决策。比如,关于企业广告和公共关系各类策略传播的活动(塑造企业形象、品牌和声誉等),都是旨在影响和塑造市场里交易活动所处的外周环境(比如人们决策所依赖的事实,或者是塑造人们的偏好,进而影响决策结果),从而争取更为有利的交易结果。但是,所有这些塑造企业形象和声誉的活动,都要在合乎情理和理性的公共理性框架之内。否则,这些策略性行动将失去进入公共领域的正当性。

再次,在新媒体技术变革的推动下,各种类型的公众参与以前所未有的速度和规模进入公共生活,形成了公共传播与公共理性之间的紧张关系,并对公共沟通构成了全新的新挑战。以社交互联网和区块链为代表的第二次

---

① HABERMAS J. Theory of Communicative Action, Volume One: Reason and the Rationalization of Society[M]. Boston: Beacon Press, 1984: 284 - 287.

② GAUS G F. The Order of Public Reason: A Theory of Freedom and Morality in a Diverse and Bounded World[M]. Cambridge University Press, 2011: 74 - 75.

③ MILLGRAM E. Varieties of Practical Reasoning[M]. Cambridge: The MIT Press, 2003: 3 - 5

互联网革命,极大地降低了信息产制和流通的成本,并空前地激发了公众参与公共生活的热情。在公共参与的正式(代议政治等)与非正式(文化涂鸦等)、常规(在线讨论等)与非常规(游行抗议等)等各种参与形态中,相比于正式、非常规的公共参与,新媒体如何影响了自下而上、非正式、常态化的公共参与更值得关注。而且在新媒体环境下,公共参与的个人化趋势对这类公众参与之公共性的质疑更加凸显。

　　有鉴于此,对于重大的社会与政治问题,尤其是存在广泛社会分歧的议题上,新媒体环境下公众的理性沟通究竟有没有可能?互联网技术究竟是有助于日益分化的社会培育共识,还是使得群体意见分歧更趋极化,至今仍旧是待解谜团①。而重大争议往往不仅是技术争议,也是复杂的社会与政治争议,使得新媒体如何影响争议的生成、激化和可能的解决,尤为值得关注。新媒体技术又是如何与其他社会和政治因素交互作用,从而推动人们超越因社交过滤或算法过滤等选择性接触信息而导致意见极化的效应出现,并约束争辩各方的不理性,使得包容异见、妥协贵和的理性沟通成为可能。公共理性是制约或缓和群体意见极化的一种保障,具体的作用机制复杂,其中之一可能在于埃尔斯特(Elster)所说的"虚伪的文明力量(the Civilizing Force of Hypocrisy)",即公共性有助于规范和约束策略性行动者在公共领域里的自利和偏狭②。上述问题,都值得在公共传播案例教学中进行探讨。

　　基于以上三点分析,我们提出以公共理性作为引领公共传播案例教学的价值主张。这样的价值主张也和公共传播学的学科使命更为契合。因为现在多数研究关注的是公共理性作为一种社会规范的影响(如罗尔斯所提出的规范性传统里的公共理性),但公共传播学更侧重关注公共理性(公共推理)作为一种实践,究竟如何在公共沟通中被生产和被塑造(如高斯所提出的实践情境中的公共理性)。

---

① KELSHAW T. Understanding abnormal public discourses: Some overlapping and distinguishing features of dialogue and deliberation[J]. International Journal of Public Participation,2007,1(2):69-90.

② ELSTER J. Deliberative Democracy[M]. Cambridge University Press,1998:111.

三、教学方法：以培育理性表达与研究决策能力为使命

案例教学因教学任务的不同，会使用不同形态的教学方法。通过案例故事呈现的特定任务情境，清晰地界定问题，推动群组讨论或拟定问题解决方案，可以帮助学生掌握相关的理论知识，训练学生的批判性思维，激发学生对于特定话题的兴趣，提高学生解决问题的能力。

具体而言，案例教学可以区分为课上和课下两类任务。课上教学包括案例讨论、情境模拟、以解决问题为导向的方案设计，而课下教学则包括走入案例现场的实地调研，以及基于实证材料的案例编撰、修订和分析。两者共同构成了公共传播案例教学的具体形态，旨在培育理性表达和研究决策的能力。

公共传播教育一直有培育积极公民的传统，强调公共服务和公共情怀。这样的育人理想，也需要延伸为对于公共传播专业人士的要求。因为公共传播专业的学生，无论其毕业后是从事通过说服实现影响和控制，以成功达成战略性目标的策略传播（如广告与公共关系等），还是从事旨在推动社会进步、增进社会福利最大化的应用传播，抑或从事旨在建立和维系社会关系，增进相互理解，谋求形成共识的社群传播，都将是社会公共生活的中坚力量。而通过案例教学，来培育学生的理性表达与研究决策能力，是公共传播的案例教学不同于其他学科领域里案例教学的独特使命。

1.理性表达能力的培养和训练

理性表达能力是指通过口语、书面，或者其他各种象征形式（如符号、图片和视频等），基于情理和理性开展公共表达的能力。

理性表达有两个层面的内容。首先，是价值与理念层面的。理性，既有通情达理或合理（Reasonable）的意思，也有理性（Rational）的意思。理性表达，既是公共生活中公民的一种美德和基础能力，也是对公共传播专业人士的基本素养要求。其次，是行为与能力层面的。这包括口语、书面和各种以象征符号来开展公共沟通的方法。书面表达不仅仅是一个记录的过程，同时也是知识生成的过程。如何选题、选材、裁选、组织，并在合适的理论框架

里赋予该案例故事以特定的意义,这不仅仅是一个记录和表达的过程,更是一个创造性的知识生成过程。

2.研究决策能力的培养和训练

研究决策能力,包括案例研究和基于案例来决策这两种能力。案例研究能力是更为基础的能力,是指如何基于事实和数据,来探究案例现象所揭示问题的因果过程、机制和效果。基于案例的决策能力,是将案例研究的发现应用于新的案例场景中,以解决新问题的能力。

基于案例的决策,有一个重要的思维是在既往案例情境中的决策及其得失,往往有助于预示未来在相似情境中该如何高效且有效决策。根据基于案例决策(Case-based Decision)的理论[①],当一个新的场景出现时,我们通常会回溯过往同类案例的经验,并尽可能模仿过往的决策。这种模仿并不意味着是完全照搬,因为新场景并不会与过往场景完全一致。因此,我们需要做出调整或适应。基于案例决策的方法,正是包含了识别新问题、找出过往的类似问题、辨识二者差异,并将既往方案调适后,应用于解决新场景中的新问题。

基于案例决策的方法,乃是一种基于过往经验来解决新问题的研究方法。这也意味着,基于案例研究的决策,其推理方法将不同于基于数据库和逻辑的推理方法。因为基于案例来决策,并不是从假设到结论的推导,而是基于相似性的推导。毕竟在过往案例中被证明为有效的解决方案,未必能有效解决出现在新场景中的新问题。当然,基于案例来决策所依赖的案例研究,是完全可以在案例内做因果推导的。

无论是培育理性表达能力,还是研究决策能力,都可以以案例教学为载体,在具体的教学过程中得到实现。我们倡议在公共传播教学实践中,推行课下和课上的两种活动。一个是课上基于案例的群组讨论、解决问题,这也是案例教学的常规做法。另一个是课下的教学案例编撰与修订,这是我们的新倡议,值得详述。课下活动包括进入企业、政府等案例现场做实地调研,并基于一手资料来完成案例制作。课上和课下这两个部分的工作,交织互嵌,共同围绕培育理性表达和研究决策能力而展开。

---

① RICHTER M M,WEBER R O. Case-Based Decision[M]. Springer,2013:18.

为什么让学生参与到教学案例的编撰和修订过程中来?

第一,教学案例其实是时间意义上的易碎品。一方面,学生往往对时间、空间和社会接近性的议题感兴趣,这也决定了教学案例必定会存在时间易碎特征。另一方面,由于教学案例所呈现的社会问题,总是会随着变动的社会语境而发生改变,因此教学案例需要始终保持动态更新。

第二,高品质的教学案例长期处在匮乏状态。目前国内高校的学术评价体制并不把对教学案例的编撰纳入学术发表的绩效指标当中。这造成教师普遍缺乏编撰教学案例的动力。与此形成对照的是各种源于商业推广的需要而形成的评奖案例生产体系和生态,并留下大量的评奖案例。为各种评奖而生产的案例,多为企业或政府成绩的推广材料,侧重于展示和呈现成绩,并不适合于案例教学。与评奖案例不同,教学案例不关注成绩如何非凡出众,而是侧重在过程追踪当中,力求完整地呈现客观事实,讲好案例故事,并做好学理分析,深入探究案例现象背后的因果过程、机制和社会影响。

第三,学生参与案例编撰和修订是一个知识发现和生产的过程。组织学生参与到案例编撰和修订过程中来,不仅仅有助于解决教学案例数量不够、质量不高的问题,更为重要的是,学生参与案例编撰和修订的过程,本身是知识发现和生产的过程。编撰和修订案例,好比制作沙画,最精彩的不是沙画最终的静态结果,而是制作沙画时的动态过程。学生就是沙画的制作者,而不是消极被动的观赏者。

鉴于此,我们认为,公共传播的案例教学也是一种准实验教学或类实验教学。只不过这种实验室不是传统意义上的室内实验室,而是企业、政府等公共传播实践的现场,是以现场实验室为场所的实验教学。对于需要在充满复杂性且信息不完备不对称条件下决策的公共传播而言,以管理现场为场所的实验教学,更能满足贴近现实的需要。

■ 四、走进案例现场:课下案例教学的具体实践

走进案例现场在公共传播案例教学中有特别的价值。一方面,真实、具体和丰富的案例现场,有助于学生觉察和感悟案例文本难以呈现的复杂场景。另一方面,在案例现场与管理者、当事人等案例文本中的人物面对面互动,有助于学生更深入地了解、理解和感受案例的核心问题及其解决过程。

阿里巴巴和腾讯等互联网企业的企业社会责任和扶贫工作如何影响了乡村的基层治理？这是我们在 2013—2018 年五年间一直在观察和调研的一个案例话题。我们先后多次实地走访或在线访谈腾讯和阿里巴巴的相关负责人，了解这两家互联网企业的相关探索和尝试。

在基于实地调研的基础上，我们先后完成了腾讯和阿里巴巴在农村地区开展企业社会责任和扶贫工作的多份案例文稿，并在后续的调研中陆续做了修订和补充。基于实地调研、文献梳理和研究分析，我们比较了腾讯和阿里巴巴在我国农村地区的企业社会责任和扶贫实践，引导学生了解互联网企业的公益平台（互联网技术平台）和公益生态（互联网企业及其关联伙伴形成的社会网络）的不同模式，并了解互联网技术如何影响农村基层治理的一些基础问题，比如社会协商、合作和社会信任等。

具体而言，通过实地走访和调研，我们发现互联网技术不仅创新了企业社会责任和扶贫工作的社会协作和组织过程，也革新了社会信任的形成过程。比如阿里巴巴通过农村电商平台的实践，极大地提高了陌生人之间的社会信任。此外，这个过程还丰富了社会信任的内涵，增加了人们对于互联网技术平台的信任，这是完全不同且超越了传统人际信任的一种新型社会信任。而腾讯"为村"项目的开展，也因为极大地改进了村务信息公开、干群互动、冲突协商等，从而改进了基层干部在群众中的权威和社会信任。

更重要的是，通过比较腾讯和阿里巴巴在企业社会责任和农村扶贫的不同实践，我们发现了两种完全不同，但彼此互补的工作模式。以前阿里巴巴农村淘宝的工作重点是电子商务。这是一种以市场化、商业化和商品化等手段来精准扶贫的模式。这个模式的意义和价值都非常显著，但其问题也可能是明显的（或者是尚未被重视），即市场体系的功能在阿里巴巴农村模式中得到极大发挥时，但其弊端或有待其他扶贫模式来弥补的地方是阿里巴巴农村淘宝模式尚不能有效回应基层治理的相关问题。比如一个非常现实的挑战，是阿里巴巴的产业扶贫带来经济增收后，新增财富如何在村民中尽可能普惠和公正分配，这就是新问题。而阿里巴巴农村淘宝模式不能有效回应这个问题。

相较而言，腾讯"为村"模式的短板在于如何在经济上增收而有效脱贫，但其强项也是最有贡献的地方却是完善了乡村基层治理的基础能力。

腾讯"为村"项目在推进乡村村务党务工作、村务公开、信息公开、公众参与、决策优化、重塑权威、官民矛盾、(信访)冲突解决等一系列问题上,都非常有效。

鉴于此,我们发现,阿里巴巴农村淘宝模式更侧重解决的是乡村经济民主化的问题,在经济上更为有效地缩小了城乡差距和贫富差距。而腾讯"为村"项目更侧重解决的是乡村社会与政治民主化的问题,在互联网技术赋权的背景下有助于村民在社会与政治上构建一个更为和谐、包容和公正的乡村共同体。

■ 五、知识更新:以案例研究的开放性和丰富性来适应公共传播学知识革新的动态性和复杂性

互联网新技术革命以及由此引发的社会与政治变革,是当下公共传播实践所处的基本语境。在这种语境下,公共传播教学面临的一个巨大挑战,就是如何更新其学科知识的体系和生产过程。

这个问题涉及案例教学与案例研究之间交织互嵌、相辅相成的互动关系。一方面,作为一种教学方法,案例教学有助于我们适应新媒体技术变革带来的教学理念和教学方法的革新需要。另一方面,作为一种社会科学的研究方法,案例研究则为案例教学提供了发现知识、创新知识以及创新知识生产过程的方法。案例研究有助于我们探索复杂社会里的因果过程、机制和效果,有助于我们在互联网技术变革的背景下,适应传播学知识变革的动态性、复杂性和不确定性。

如何使案例研究的结论具备更好的效度(Validity)和信度(Reliability),从而使研究发现能够延伸和推论,用于解释其他不同历史情境中的事件,这是案例研究,尤其是单案例研究往往会面临的挑战,即研究结论的不确定性和错误推论的可能性。但是,案例研究的长处恰恰也在于寻求对复杂因果关系之解释的丰富性,而不同于概率统计研究的理论简洁、因果关系的直接和确定性。

如何使案例研究的结论具备更好的效度和信度,从而使研究发现可以延伸和解释其他情境里的案例?为了回应这个问题,案例研究者在研究方法上做了很多探索。这里举其要者,略述如下。

1.扎根理论方法

扎根理论是以探求社会基本过程为目标的定性数据编码方法论,是由美国学者格拉塞(Galser)和斯特劳斯(Strauss)在 20 世纪 60 年代提出和发展起来的一种研究技术,源自美国的实用主义和芝加哥学派的象征互动理论。扎根理论作为一种社会科学的研究策略,研究者在研究开始之前一般没有理论预设,而从原始资料中归纳出经验概括,然后上升到理论。

尽管各种版本的扎根理论存在一些分歧,但有一些基本的共识,比如:强调自下而上不断地提炼和抽象,从资料中产生理论;强调提出问题和反复比较,扎根理论方法是在抽象阶梯上循环往复的过程;采用理论样本,样本提供的理论信息达到饱和状态即满足样本量要求,不同于统计学里以增加样本随机数量来发现规律。此外,扎根理论一般不寻求普遍应用性的规律,而是寻求对社会基本过程的理论解释。

2.过程-追踪方法

这是一种案例内的分析(With-in Case Analysis)方法。过程-追踪方法(Process-tracing Method)作为一种研究方法,是指根据从单个案例所得依据,来对该案例的因果解释做出推论。因果机制本身是抽象的实体,是不可直接观察的,但因果机制假设所指向的变化或外症表现则是可以观察的。过程-追踪方法正是通过变化或外症表现来推论存在于案例中的因果机制。

3.三角互证方法

三角互证最初是源自地理测量和军事领域里的概念,是指通过使用多个参考点,以便精确定位一个物体的地理方位。后来此概念延伸使用在社会科学研究中,用来指称对一个研究话题从至少两个不同角度展开观察的社会科学研究方法。这一术语不仅在质化研究方法中使用,也在量化研究和混合研究中广为使用。

对于三角互证方法的类型,邓津(Denzin)曾提出了三角互证的四种类型[①]。①不同来源的事实和数据之间的数据互证;②不同观察者或研究者

---

① FLICK U. Triangulation revisited:Strategy of validation or alternative? [J]. Journal for the Theory of Social Behavior,1992,22(2):175 - 197.

交叉核验,以纠正源于个人主观偏见的研究者互证;③使用多种理论路径和预设,来探究同一数据集(Data Set)的理论互证;④问题与不同方法之间的契合度互补、不同方法与理论之间的契合度互补,以及多种研究方法之间的长短互补,即同一方法内和不同方法之间的方法互证。

六、结语

综上所述,我们之所以在公共传播教学中开展案例教学,是因为互联网技术变革彻底地塑造了公共传播实践,迫切需要在人才培养模式和日常教学上做出回应。鉴于新媒体技术革命对于公共传播教学带来的各种挑战,我们提出与公共传播教学相适应的案例教学理念、方法和知识更新策略。这种案例教学模式,是以公共理性为教学理念,以培育理性表达和研究决策能力为使命,探索和完善包括以案例讨论、情境模拟、解决问题为导向的方案设计等为内容的课上案例教学,以及以走入案例现场的实地调研,基于实证材料的案例编撰、修订和分析为内容的课下案例教学。此外,为适应公共传播学科知识变革的动态性、复杂性和不确定性,我们还提出以案例研究为知识更新的策略,从而创新和丰富公共传播教学中的知识生产过程和知识体系。

第十一章

问题为基、全息故事与因果辨析：公共传播案例的叙述及分析方法

【本章概要】无论是作为一种教育理念，还是作为一种具体的教学方法，案例教学在新闻传播学教育中都得到了重视。但是，案例教学所依赖的教学案例，却因为案例编撰在绝大多数高校尚未纳入教师考核等原因，并没有得到显著的改善优化。为了完善公共传播领域的案例教学，提升教学案例的编撰和质量，笔者提出并阐述了公共传播案例的三个特征，即问题为基（好问题）、全息故事（好故事）和因果辨析（好概念）。以此为框架，笔者分析了公共传播案例的叙述策略和分析方法。

案例教学"是一种在教师的安排和指导下，学生通过阅读、讨论已被整理出来的个别事物某一时段、某一方面的具体情况来理解同类事物的一般原理的教学方法"[1]。案例教学作为一种教学理念和方法被社会科学相关学科广为采纳，尤其是以经验和实践为导向的学科，比如医学与护理、法律、工商管理、公共管理、新闻传播学等。案例教学对于激发学生的学习能动性和主体性，转变师生的学习和教学观念，贯通理论与实践的联系，均大有裨益。

公共传播以促进公共理性为理念，以增进不同社会群体之间的了解、理解和共识为使命，关注各类组织在公共领域里的沟通和交往实践。而公共传播教学以培育理性表达与研究决策能力为目标和使命。公共传播相关课

---

① 宁骚.公共管理学科的案例研究、案例教学与案例写作[J].新视野,2006(1):34-36,61

程的教学通常围绕风险沟通、科学传播或健康传播等具体实践形态而开展，绝大部分课程都有着强烈的现实关切，需要回应重大现实问题。这大概是案例教学作为一种教学方法也被公共传播相关课程教师广为接纳和使用的原因。

但是，目前公共传播领域里案例教学的一个主要障碍，是公共传播教学案例处在需求与供给的严重失衡状态。这导致合乎专业规范要求的教学案例严重匮乏，也导致质量堪忧的各类案例纷纷进入了高校课堂。

一、以编撰案例为起点推动公共传播教学改革

目前公共传播类案例教材中具有普遍性的问题包括以下方面。

第一，不少用作案例教材的案例集的出版初衷是宣传和商业推广，而非人才培养。比如一些案例集是以评奖案例集册出版。这类案例集多为一般性的故事讲述，缺乏问题意识，也缺乏严肃的学理分析。

第二，没有遵循教学案例的规范来编撰。很多案例是在新闻报道等材料基础上改写，对于案例所涉的事件过程、事实真相、任务情境等呈现不完整，对于因果过程和机制的分析更是薄弱，甚至有一些案例编撰过程仓促，文稿粗糙。

第三，案例研究论文不适合直接用于案例教学。一些案例编撰者混淆了教学案例与案例研究。案例研究论文的使命是生产原创知识，通常是从个别到一般、从微观到宏观的抽象过程。尽管案例研究论文会呈现案例故事，但往往过于简略，以至于难以呈现案例教学所需要的完整事实、事件过程和丰富细节，尤其是缺乏案例教学所不可缺少的任务情境。因此案例研究论文无法替代教学案例，从而有效地服务于课堂教学。

鉴于此，公共传播教学案例库建设是国内新闻传播学教学的一项具有高度紧迫性的工作。以建设公共传播教学案例库为起点，既可以推动和完善公共传播相关课程的案例教学，也可以推动教学理念和教学方法的革新。在教学理念方面，对于学生而言，这意味着学习观念要改变，需要更突出个体的能动性和主动性，让自己成为知识发现和生产的主体，而不是做消极被动的知识接受者。对于教师而言，也要更新教育观念，不再固守单向教导的耳提面命，而是要放下身段，鼓励学生参与到作为知识发现和生产的教学过

程中来。在教学方法方面,案例教学更强调和突出在学习过程中师生密切互动以及学生在实践中学习的意识。通过问题识别与分析、模拟任务情境与决策、解决方案设计、决策与成效的评估等形式的案例教学,有助于推动课堂教学从单向知识传授型教学转向双向互动型教学。

二、公共传播教学案例的三个特征：问题为基、全息故事与因果辨析

教学案例不同于服务其他目的的各类案例,比如旨在呈现工作成就的宣传案例,或者是参加各类评比旨在获奖的评奖案例。公共传播教学案例的独特之处有三点:一是问题为基的教学方法;二是全息呈现的生动故事;三是因果辨析的学理分析。

1. 问题为基的教学方法

问题为基的教学方法是一种以学生为中心,引导和赋能学生自主探究,贯通理论与实践,高效且准确地界定问题,并应用知识和技能来构建有效解决方案的方法[1]。问题为基的教学方法被认为是源自约 50 年前加拿大麦克马斯特大学医学院的创新[2]。当时医学教育的主要教学方法是在基础科学课程中使用讲授教学,并在高年级专业课程中使用临床教学。但是,当时科学和医学领域都处在快速革新中,使得讲授加临床的方法难以适应知识革新的急剧变化。问题为基的教学方法正是在这样的背景下问世,既是一种特定的教学方法,也是一种倡导以学生为中心、多学科交融和终生学习的教育理念。学生是自主学习的主体,而教师是学习过程的管理者和推动者(知识助产士),而非知识的提供者。在真实世界的实况中,决策者往往需要面对缺乏清晰界定的问题,因而问题为基的教学要训练学生在信息不充分不完备且不确定的情境里,具有厘清汰选繁杂信息、界定问题,以及构建问题解决方案的能力。

---

① SAVIN-BADEN M,MAJOR C H. Foundation of Problem-Based Learning[M]. Open University Press,2004:13.

② SERVANT-MIKLOS V F C. The Harvard connection:How the case method spawned problem-based learning at McMaster University[J]. Health Professions Education,2019(5):163-171.

2.全息呈现的生动故事

全息是指对于案例故事和事实,做多面向、多角度的全方位立体呈现和再现。这里包含两个任务,一方面是基于事实真相的呈现,另一方面是基于意义脉络的再现。"呈现故事"意味着对所有写进案例文本中的事实和数据,都做严格审慎的核实,尽可能减少偏差出入。在时间维度上,对于案例故事的事实,坚持开放、互动和持续更新的基本立场。案例文稿编撰完成之后,并不意味着编撰工作的结束,而是一个修订完善阶段的开始。在社会维度上,尽可能吸纳和平衡不同主体对于案例故事的差异化叙述视角,从而全息和完整地呈现案例故事的复杂性。"再现故事"意味着案例故事将是一种集体参与的社会建构,而不是也不可能是对于案例事实和过程的完整摹刻和复原。因此,案例故事不可避免会带有讲述者的解释框架或偏向,而这种偏向直接表现为讲述者对于案例故事的裁选、组织和诠释的过程。

3.因果辨析的学理分析

学理分析是指用精准、适用和细腻的理论概念,来辨识、理解和解释案例故事中的因果关系、过程和机制。公共传播案例教学的使命旨在培育学生的理性表达与研究决策能力,这是公共传播案例教学不同于其他学科领域案例教学的独特使命。鉴于此,案例教学始终涉及在不同情境里的模拟决策和决策训练。决策就是针对复杂问题之解决方案的汰选过程。基于量化、质化和诠释等各种类型的研究发现,往往很难直接服务于组织决策。而案例的复杂性和包容性,更有助于在复杂情境里决策推理。好的决策离不开对于因果关系和机制的准确掌握,从而找到行动决策中的干预变量和机会。案例研究的长处恰恰也在于寻求对复杂因果关系之解释的丰富性,而不同于概率统计研究的理论简洁、因果关系的直接性和确定性。

■三、案例叙述:"好故事"的全息呈现和再现

和公共管理、工商管理等其他学科的案例类似,公共传播案例所涉及的情境纷繁复杂,不胜枚举。但是,通常来说,案例故事可以粗略地区分为问

题(Problem)情境、决策(Decision)情境和评估(Evaluation)情境三类①。

第一类是问题情境的案例。这类案例的核心使命在于如何在纷繁杂乱的信息环境中理出头绪，精准、高效和清晰地界定清楚在当时情境里案例主体所面临的最关键和最紧迫的问题。解决问题的前提条件是识别和界定清楚问题，比如问题是什么、发生的时间和方位是什么、如何发生、对谁而言是问题、为何是问题等。若不能梳理清楚问题这些关键因素，解决问题就无从谈起。

第二类是决策情境的案例。几乎所有类型的案例都会涉及决策。决策是在有限理性、权力关系和高度复杂及不确定性等各种约束条件下，根据组织自身的资源条件，对各类候选方案做出选择。因此，案例中的决策往往涉及三种工作：构建候选方案、明确选择标准，以及寻找辅佐决策的相关依据。

第三类是评估情境的案例。这类案例的核心任务是对组织的表现、行动或结果是否达成预期目标、价值或意义、成效与影响等做出判断。和决策类案例类似，评估类案例也涉及如何厘定合理且广为接纳的评估标准，但也有其独特的部分，即高度重视有助于做出公允客观评估的研究方法。

(一)选题：选择好的故事

选择"好故事"，和"选择好"故事，是两个完全不同的任务。"好故事"，意味着某一特定的故事，具有与众不同的特质，使之脱颖而出，成为"好故事"。而"选择好"，则意味着案例编撰者运用特定的标准，来做出专业或偏好的判断。当然，两者有共同的交集。那么，究竟什么故事是公共传播案例的好故事？参照叙事研究相关文献②，并结合我们十年来公共传播案例教学的得失，笔者提出大致可以参考的标准，以便在确定选题时辨识案例故事的潜力。

1.关联

关联是指案例故事要在时间、空间和社会文化等方面和预期的案例使用者具有良好的关联度。首先是案例的时效。由于时过境迁，陈旧案例很

① ELLET W. The Case Study Handbook：How to Read，Discuss，and Write Persuasively about Cases [M]. Boston，Massachusetts：Harvard Business School Press，2007：26

② 胡百精.故事的要素、结构与讲故事的策略模式[J].对外传播，2017(1)：38－41.

难激发案例使用者的热情和兴趣。其次是案例的空间和社会文化维度。这主要涉及案例发生所处的历史文化传统与社会政治结构的语境。如果涉及非常大的时空跨越,往往会增加案例使用者在读解案例时所需要的文化常识和经验等方面的门槛和难度。

2. 问题

好的公共传播案例故事往往反映和折射了公共性相关的经典问题或前沿问题。在选题时,要考虑案例故事究竟是什么问题的折射和外症。问题的厘清往往涉及理论分析的概念和角度。尽管理论分析并不能直接提供行动方案,但是有助于案例使用者拓宽思路。观察案例故事的理论视野,会影响到案例编撰者对案例问题的甄别和对候选解决方案的构建。比如关注新冠疫情期间特定机构处置谣言的过程和效果,以及关注特定机构相关谣言的信息策略与传播动力,这就是不同的问题。

3. 重要

案例的重要性体现在两个面向。①案例主体是公共性程度高的组织。组织的公共性,具体而言,就是组织核心业务卷入公共服务的程度①。卷入度高的组织(如影响国计民生等),或者是具有较高知名度或社会关注度的组织,往往是具有重要性的公共传播案例对象。公共性程度高的组织,通常在相关问题上的典型程度也较高,与案例建立有效关联的读者范围会更广。②案例对象是公共性程度高的事件。公共性程度高的小事件也可以写出大案例。"小事件"意味着案例事件并没有特别大范围的社会关注度或社会能见度(尤其是蛰伏议题),而大案例则是指该案例是当下社会的大问题、大趋势或挑战的折射和外症,因而对于我们理解重大问题、趋势或挑战,具有重大价值和重要意义。总之,一个案例若没有反映重要公共话题或问题,则该案例就失去了成为教学案例的价值。唯有反映当下社会的重要话题或问题,才能激发案例使用者的情感共鸣和学习兴趣。

4. 聚焦

案例故事通常有一个身份明晰的特定主体或边界清晰的特定话题。绝

---

① BOZEMAN B. All Organizations Are Public: Bridging Public and Private Organizational Theories [M]. San Francisco and London: Jossey-Bass Publishers, 1987: 9 - 11

大多数案例故事都会有一个具有明晰身份的行动主体，但要避免在一个案例里，同时写两个主体。如果是以特定话题为案例故事的对象，则需要聚焦在一个边界清晰的特定话题上，并呈现和再现不同主体对于该话题的争议性看法。比如新冠疫情期间，对于病毒命名的标签政治可以是一个话题型的案例。在充满不确定性的情境下，使用何种概念来描述和再现新兴事物，从来不是任意、偶然、随机的作为，甚至不是纯粹基于技术的界定，而是人为的社会性集体建构。不同主体给新冠病毒感染疾病的每一种命名，也暗含了各类主体各自不同的使命目的、价值导向和政策（行动）偏好。总之，案例故事需要聚焦在特定的主体或话题上，选一个小的切口，但要深入挖掘和呈现，避免贪多贪大，否则，在有限的篇幅里，案例故事很容易流于表面，难以深入。此外，要考虑案例故事所折射问题，是否已经有了同类的案例。要确保选题的新颖和原创，避免重复选题。

5. 调研便利

是否具备调研便利，从而获得案例主体或话题相关的一手数据和相关资料，也是进行案例选题时的一个重要考虑因素。由于担忧不当披露、泄密等顾虑，加上案例编撰者与案例主体之间的信任薄弱，很多机构都不能积极回应案例编撰者的调研请求。而案例编撰者如果不能接触到案例事件的一手资料，将极大增加理解和解释的难度。鉴于此，若案例主体了解并意识到案例编撰对于改进管理和决策的价值，并愿意开放相关资料和数据给编撰者，接受调研和走访，那么这将是优先选题的重要因素。

（二）资料与调研：发掘、整理和汰选事实及数据

发掘、整理和汰选事实及数据，是案例编撰落笔成文前的重要准备。由于案例编撰是一种非虚构写作，所使用的经验事实和数据都要有可靠的出处。如何获取案例编撰所需要的事实和数据？大致分为三个步骤。

1. 二手文献的发掘和整理

有公开和非公开两种渠道可以获取案例相关的事实和数据。公开渠道，包括媒体报道、相关出版物、行业统计年鉴、图书馆里各类电子资源库等。非公开渠道，包括案例主体的内部出版物、工作过程文件、年度报告等。

此外,还可以求助于相关知情人员,比如访谈同行业资深人士等,可以从外围、行业状况等方面,铺垫理解相关文献资料的背景知识。

2.案例现场的调研和走访

积极争取案例对象机构的支持,寻求现场调研和走访的机会,获取一手事实和数据,是写好案例至关重要的准备。若获得了进入案例现场调研的机会,则需要做好充分准备,包括以下方面。①区分主题和类别,精心准备好访谈的问题提纲,否则,很容易浪费来之不易的调研走访机会。对二手文献的梳理和熟悉已经是一种准备。②尽可能争取访谈来自不同岗位、职级和部门的相关人员,这有助于获取不同的叙述和视野。③始终要有问题意识。尽管随着调研的深入,案例编撰者可能会不断地调整问题界定和案例结构,但无论在哪个阶段,都始终要坚持问题导向,不要迷失在芜杂纷繁的信息迷阵之中。④做好多次回访的准备。每次回访不仅可以了解新的进展,更重要的是,调研者在回访时与受访人的信任基础更好,面对即使是相似的事实和数据,往往会有新的发现和判断。

3.案例调研中应用搜集和分析资料的三角互证方法

三角互证(Triangulation)最初是源自地理测量和军事领域里的概念,指通过使用多个参考点,以便精确定位一个物体的地理方位。后来此概念延伸使用在社会科学研究中,用来指称对一个研究话题从至少两个不同角度展开观察的社会科学研究方法①。

邓津(Denzin)对此的界定,主要是把三角互证用作简单验证的形式,或者是不考虑不同理论背景的差异,而表层和简单地结合使用不同方法,这两点均受到了学术界的存疑和批评。此后的学术批评也促进了三角互证作为一种研究策略的丰富和发展,并成为一种更为精细的研究方法。根据弗里克(Flick)的区分,三角互证作为一种研究方法经历了三个阶段,由此也形成了三角互证的三种使用方法②。在第一个阶段(Triangulation 1.0),三角互

---

① FLICK U. Triangulation revisited:Strategy of validation or alternative? [J].Journal for the Theory of Social Behavior,1992,22(2):175-197.

② DENZIN N,LINCOLN Y S. The Sage Handbook of Qualitative Research[M].5th Edition. London:Sage,2018:777-804.

证作为不同信息来源的交互和互补，是一种审核和验证事实及数据的方法。在第二个阶段（Triangulation 2.0），是结合了质化和量化研究的混合方法（Mixed Method），是一种研究发现延伸推论的方法。在第三个阶段（Triangulation 3.0），三角互证作为一种不同理论视野里趋同、相异和差异等研究发现之间的交互和互补，是一种增加知识、深化理解的方法。

4. 了解并审慎处置新闻报道和历史文献的复杂性

很多历史档案文献都是企业策略性沟通的文本，有其特定的策略性目的。比如企业提供的各类新闻通稿、宣传材料等，并不能完全采信，直接照搬进入案例当中，这也是为什么三角互证作为一种核实事实的方法极为重要。同时，也涉及案例透明度的问题。案例编撰过程中的所有数据搜集都要坚守透明的原则，要报告数据是如何生产的，以及研究者是如何获得的。

（三）铺垫背景：在意义脉络中再现故事

如同文艺作品的读解往往是千人千意，案例也始终是一个开放的文本。但是，由于不同学科所关切核心问题的差异，教学案例在使用过程中会有其独特的使用策略，以便引导读者在适当的路径上读解案例，从而达到教学目的。

案例背景正是实现该目标的有效工具之一。案例编撰者可以通过铺垫案例背景，从而确保读者能够与学科的知识地图形成呼应，在本学科的知识脉络中读解案例故事。这样做可以达成两个任务：一是使案例故事能够与读者现有的知识地图及文化储备相融洽，从而使读者能够理解案例故事；二是案例故事可以发挥播撒新知的作用，成为生产和传递新知的载体和工具。

在为案例铺垫背景的时候，需要考虑这样几种不同类型的背景。第一，与案例主体相关联的同类事件。比如 2007 年 Metal 产品召回的案例中，为了帮助读者理解 Metal 玩具召回事件的意义，该案例就铺垫了 Metal 历史上曾经发生的历次玩具召回事件。第二，与案例话题相关联的同类话题。这些背景可能是案例主体之外其他主体的历史背景，从而形成与案例主体做比较的条件。比如 Metal 案例中，就铺陈了美国玩具产品的竞争市场以及竞争企业的产品召回历史。第三,与案例故事相关联的社会语境。在Metal案例中,还铺垫了美国玩具产品安全的产品标准、Metal的产品安全标准等相关行业信息,以及Metal玩具在生产环节外包给中国企业的历史和现状。

(四)案例文稿:以多媒体文本全息呈现完整事实

由于新媒体技术的持续革新和普及,新媒体环境里的案例编撰和使用,都是在多媒体环境中展开的,这也为我们以音频、视频、动画等多媒体文本的形式,全息呈现完整的案例事实,提供了便利条件。

无论篇幅长短,案例都是对现实境况的一种再现,并尽可能复原现实世界所遭遇的各种状况,比如信息不完备,甚至匮乏,而所得信息质量参差不齐且杂乱无章。各种相关或不相关的事件或附带事件,涌现和充斥在决策者眼前,毫无头绪、条理和逻辑,充满着高度的不确定性。案例文稿作为对现实境况的模拟和复制,也是一种对不能直接亲身经历和体验复杂、动态和不确定性情境的替代,因而案例需要尽可能完整地呈现真实的状况和过程,唯有如此才能达到现场实验室知识传承和磨砺训练的人才培育目标。鉴于此,案例文稿对于真实呈现通常有这样几个特征。

1.案例事实的多种面向

案例不仅需要尽最大可能呈现案例实际境况的完整真实,还要在一定程度上还原案例事件发展过程中的各种噪声信息,如虚假、偏向或信息不完备等[1]。这对于我们理解案例故事的复杂性、层次和差异很有帮助,而且也有助于读者基于外显易知的事实来推断内隐难辨的信息。

2.案例叙述的多种视角

主要涉及不同主体对于特定案例事件的意见和反响,比如案例主体机构内部的不同层级决策者、外部的不同利益方等。这对于我们了解、理解和评估案例故事中主体在当时情境下的决策过程、决策依据和决策结果等会大有帮助。

---

① ELLET W. The Case Study Handbook:How to Read,Discuss,and Write Persuasively about Cases [M]. Boston,Massachusetts:Harvard Business School Press,2007:105 - 118.

3. 案例过程的动态演进

绝大多数公共传播案例都与特定事件的发生及演化脉络有关,因而需要在时间维度上对事件做全过程追踪。过程追踪有助于呈现案例故事的来龙去脉,而且对于揭示案例事件的因果关系也大有帮助。

(五)故事结构:讲好故事的五个要素

好故事往往有一个万变不离其宗、近乎通用的基本结构。公共传播案例需要以分析性叙述作为案例故事讲述的策略,以沉静客观的第三人称为叙述方式,通常遵循角色(Character)→挑战(Challenges)→情境(Context)→行动(Actions)→结果(Outcomes)的 CCCAO 叙事结构。

1. 角色

案例角色可以是与案例主体相关的任何一类利益方的代表(个体、家庭或组织),其受到案例主体机构的影响或改变。但是,一般而言,案例故事往往要聚焦于一个主角,而不宜角色太多。角色太多不仅增加了读者的理解难度,而且要叙述清楚多角色的故事以及角色之间的关系,其难度也更大。在选择案例主角的时候,也需要考虑案例角色的个体境遇与该案例主体机构,以及所处的宏观社会背景之间的关系。案例角色需要具有典型性,能够较好地反映或折射宏观背景情况。在处理案例角色与案例组织之间的关系时,要突出案例角色作为故事的主角,而案例组织是一种积极或消极影响案例角色的辅助配角。

2. 挑战

在案例故事中,识别和呈现案例组织所面临的挑战、问题或困境,不仅仅是确保公共传播案例故事吸引人的必要佐料或悬念,也是案例作为实现教学目标之工具的必备要素。因为案例中的挑战、问题或困境,是为磨砺学生分析和决策能力而设定任务情境的必备要素。此外,在互联网环境里,由于信息过载和碎片阅读,普通人的注意力保存时间非常短。如果案例故事的开篇不能引人入胜,让人对故事产生兴趣,则往往不会太成功。

3. 情境

情境包含两层意思,即案例的故事背景和案例的任务情境。案例的故事背景在前文已有述及,这里重点解释一下案例中的任务情境。亲验和积极学习(Experiential and Active Learning)是案例教学的一个重要原理。唤起学生进入积极学习状态的重要策略是案例故事让学生沉浸进入有意义的任务情境。情境模拟、问题诊断、方案设计、解决问题等任务情境可以激发学生的学习动力,并提供一个解释和留存新知识的情境。

4.行动

案例主体在当时特定的情境里,如何回应和处置问题,采取了哪些具体的行动? 在叙述案例组织的行动过程时,可以依照时间先后的线性顺序,也可以采用非线性、闪现穿插、倒叙等其他形式的叙述结构。这里并没有一个孰优孰劣的区分,而是需要视具体情况而定。一般而言,若是针对事件-过程的案例,还是以时间为顺序更好。若是针对社会争议话题的案例,需要呈现各方的歧义异见,则还是以行动主体为结构框架更好。

5.结果

结果是指案例故事的结局。很多案例都有一个比较明晰的结局,比如问题得到了彻底解决或有效缓解。但是,也有很多案例故事并没有一个里程碑式的结局,而是以待解决的问题、挑战和困境为案例的结尾。究竟以何种结尾来结束案例故事,也取决于案例的类型。比如,问题型案例,更多的是以问题或挑战结尾,而评估型案例则往往需要呈现完整的结局。

(六)叙述的策略与方法

在叙述案例故事的过程中,还需要采用恰当的叙述策略和方法,需特别注意以下几点。

1.中立的基调

案例叙述一般采用第三人称,独立、中立、沉静、客观、公允地叙述案例故事,不偏袒故事中的任何一方或任何一个角色。在行文中要避免使用形容词来描述人物或场景,而带有情感偏好的形容词更是要杜绝使用。

2.清晰的主线

在呈现和再现案例故事演化过程中的动态、复杂性和丰富性时,要特别注意,不能在过于枝蔓的细节中迷失掉案例故事的主线。总体而言,公共传播案例还是会聚焦于重要组织在公共沟通方面典型事件的发生发展过程、影响事件走向的因素及其作用机制，以及事件带来的社会影响。

3.真实的细节

若要让人感到故事的真实性，必定少不了丰富的细节。各种细节来自不同主体的展现和原声叙述。在编写和制作案例文本时，要尽可能以多种媒体形态来展现细节，而不仅仅是讲述细节。即使是讲述，也尽可能采用自证、他证和互证等不同形式的原声叙述。比如，可以采用朋友、同事、家人等不同角色见证、回忆各种生动细节，也可以采用他证的形式。不同主体的多元视野有助于丰富案例故事，使之具备更多鲜活的细节和细腻的情感。即使是案例组织等非人格主体的观点，也要尽可能在案例组织作为直接的信源之外，通过不同角色的个体化表达来佐证。

4.情感的表达

情感是人类认知和决策的重要基础。认知科学和情感社会学的大量研究也表明，人从来不是纯粹的理性思考的动物，人常常依赖情感来行动。案例中若没有情感的表达，往往很难成为好的案例故事。在缜密精巧的叙述结构中，嵌置和呈现案例角色情感的自然表露，几乎是所有案例故事获得生命和活力的源泉。

■ 四、案例分析：用"好概念"深化学理分析

案例分析停留在经验和表象层面而难以深入，这是案例教学中常见的现象。案例分析难以深入的症结，在于学生往往难以超越特定案例的具体情境，而具有关联更大的社会与政治问题的联想和反思能力。案例分析正是要训练学生，使他们获得这样一种从微观到宏观、从特殊到一般的抽象和凝练能力。

"分析"一词有两个相关联的含义。一个是分，即将某物分解成各个组成部分；另一个是析，即研究各个组成部分之于整体的关系。分析一个案例，意味着需要识别和理解某一个特定情境的重要面向，以及其与总体情境的关联和互动关系。不同的学科都会有其自己的理论、框架、过程、实践和方法工具。案例分析的任务，是要以特定的理论概念和分析框架为出发点，

围绕一个特定的问题,借助量化或质化的研究方法,从一个案例所呈现的经验材料和数据中做出合乎理性的推理,并得出结论或者提出观点和判断。

(一)界定清楚问题:案例分析的起点

把问题界定清楚,貌似容易,实则充满挑战,这甚至是案例分析时挑战最大的工作。因为在一个阶段所界定的问题,很可能不过是另一个更深层问题的外症而已。而对不同问题的界定,往往会指向差异悬殊,甚至完全不同的解决方案。

问题通常被认为是一种具体的状态或情境,在该状态或情境里出现了令人不愉快且意义重大的事件或现象,但是目前尚未有答案来理解和解释其为何发生。问题意味着是在理想状态和现实状态之间存在有待弥合的差距,或者是悖逆或偏离规范、标准或现状的状态。李普曼曾对问题的性质做过分析,认为在一个静态的社会里将不会有问题出现,而问题必定是变化的结果①。构成问题的自变量或者是自变量和因变量之间的关系发生了改变,致使原有的平衡关系出现失衡,才导致了问题的出现,比如国际关系中不同国家之间力量均衡出现了失衡、市场里供求关系出现了失衡等。一般而言,案例分析的绝大部分问题都是围绕为什么(Why)而展开,也有一部分问题是围绕着怎么办(How)展开。

首先,是为什么的问题。这类问题既涉及案例内的因果推论,即如何理解案例故事演进的动因和动力、因果过程和机制,也涉及案例间的因果推论,即如何从一个案例的因果推论延伸和扩展为理解并解释其他同类或近似情境里的因果推论。从案例教学的目标而言,案例间的因果推论和决策才是最主要的使命。因为基于案例决策的方法,乃是一种基于过往经验来解决新问题的研究方法。这也意味着,基于案例研究的决策,其推理方法将不同于基于数据库和逻辑的推理方法。因为基于案例来决策,并不是从假设到结论的推导,而是基于相似性的推导。毕竟在过往案例中被证明为有效的解决方案,未必能有效解决出现在新场景中的新问题。

---

① LIPPMANN W. The Phantom Public[M]. New Brunswick and London: Transaction Publishers, 1993:78.

其次,是怎么办的问题。这类问题涉及如何复盘组织决策者是怎样在不确定性的情境里,在信息不对称和信息不完备条件下,做出决策的过程。而围绕怎么办问题做案例分析,主要是集中在对当时决策得失的评估。这是一种超脱于当时决策者当局者迷的混沌,所做出"事后诸葛亮"的分析。这类分析有其独特的价值。因为基于案例的决策,有一个重要的思维,是在既往案例情境中的决策及其得失,往往有助于预示未来在相似情境中该如何高效且有效决策。根据基于案例决策(Case-based Decision)的理论①,当一个新的场景出现时,我们通常会回溯过往同类案例的经验,并尽可能模仿过往的决策。这种模仿并不意味着是完全照搬,因为新场景并不会与过往场景完全一致。因此,我们需要做出调整或适应。基于案例决策的方法,正是包含了识别新问题、找出过往的类似问题、辨识二者差异,并将既往方案调适后,应用于解决新场景中的新问题。

在案例讨论中,问题界定通常不是一个人苦思冥想。最常见的方法是以由6~8人组成的讨论小组,以问题树(Problem Tree)为分析工具,在充分讨论、辩论、对话和协商的基础上来界定问题。问题界定的主要步骤包括以下方面。

(1)厘清核心问题是什么(问题树的树干)。第一步是明确核心问题是什么。在清晰界定问题之前,不用担心问题界定得过于笼统,可以通过继续讨论,逐步使问题清晰起来,并拆解成为更具体的子问题。核心问题就是使用问题树分析时的树干(焦点问题)。

(2)辨析问题的表现与成因(问题树的树根)。充分地辨析导致问题的各种成因,如政治、经济和社会文化等各种类型的成因,以及个体、组织和制度等各种层次的成因。分析在各种成因里,哪些因素在恶化,哪些因素较为稳定,哪些是相对容易/难解决的。

(3)识别问题的主要后果(问题树的树冠)。最为严重的后果是什么?最有可能在短期内缓解,甚至解决的后果是什么?

(4)解决实际难题的方案设计。当我们在设计解决难题的方案时,什么样评估成败的评估标准是重要的?方案落地所需要的各种前提条件和所需

---

① RICHTER M M,WEBER R O. Case-based Reasoning:A Textbook[M]. Springer,2013:105.

资源是什么？解决方案和问题解释之间是匹配的吗？

（二）找准理论概念：精准、适用和细腻

尽管教学案例编撰的主要任务是遴选好的故事并将故事讲述好，但是，若要对案例故事有深度剖析，能够烛照入微，见人未见，还是需要有扎实的理论功底。能够选择精准、适用和细腻的理论概念来分析案例，就是这种功底的一种表现。好的理论概念来自对相关研究，尤其是对经典作品，以及前沿和创新研究的了解和熟悉。

1.精准

理论概念能够准确地用于理解和解释案例事件。在社会科学的方法论中，理解侧重于对案例故事意涵的多义、复杂、视野等的捕捉、把握和阐释，而解释则侧重于对案例故事中的因果关系、过程和机制的识别、呈现和解释。

2.适用

所用的理论概念要能够适用于理解、解释案例的因果过程和机制，以及故事所处的特定历史、文化和社会语境。理论概念的选用，不能过度牵强延伸，也不能削足适履。

3.细腻

所用的理论概念有助于呈现和探究案例故事的复杂性。这类似于学术研究中概念的信度和效度。信度意味着稳定性，即该概念可以稳定地用来指代、描述和测量其所指向的对象；效度则意味着概念与现实之间的匹配和一致程度。具有良好信度和效度的概念，有助于我们理解和探究故事的复杂性。

（三）在比较中深入：差异法、一致法和共变推理法

相较于实验的和观察的方法，比较的方法在案例分析中最为常用。当我们无法对干预做出控制，因而无法使用实验研究时，以及当我们无法获取足够样本量，因而无法使用统计推论时，比较研究方法就是我们可以使用的最好方法[①]。比较的方法是基本科学方法中的一种。有人甚至认为科学方法就是等

---

① RYNN M. The Comparative Method[M]//LOWNDES V, MARSH D. Theory and Methods in Political Science. Palgrave,2010:274.

同于比较方法，因为科学方法必定会涉及比较。比较方法的主要功能在于发展、测量和完善对于因果关系的研究推论，以及所有与因果关系推论相关的研究。比较的方法也被认为是"建立社会科学推论的主要方法之一"①。

比较研究是一种小数据研究。大数据和小数据是两种不同类型的比较方法，凸显了研究者破解该问题的不同方法，即在缺乏像自然科学那样可控实验室的情境下如何检测社会科学的理论（如同类条件下研究结果可以复制）②。大数据的研究倾向于找寻具有普适性的简约规律，被归类为变量导向的研究；而小数据的研究更倾向于识别和呈现因果关系共时交互和非线性的复杂性及特定历史情境，被归类为个案导向的研究。

公共传播案例往往是对宏观社会事件及其过程的分析性和解释性的叙述，而不是追寻和发掘案例故事中具体角色的个体心理、情感等微观变量之间的因果关系。因此，公共传播案例分析非常适合使用比较的方法来呈现事件过程及其演进逻辑。尤其是事件过程中的复杂和互动的因果关系，包含了各种条件、自变量或原因链的融合，原因变量之间的交互作用，以及不同但相关的事件之间前行后续的路径依赖关系。这并不一定是线性和直接的因果关系，而可能是具有以多种条件与变量彼此融合、互动和路径依赖等为特征的复杂因果关系。此外，事件发展过程中，可能还存在超越因果机制的随机关系③。

持续比较法是一种案例研究和质化研究中的常用研究策略。持续比较有助于提升案例分析及其发现的内外效度。这里介绍三种比较的方法④。

1. 差异比较法

差异比较法是在两个案例之间进行比较。这两个案例在多个方面都非常相似，而在研究者关注的变量及其关系方面存在差异，可以由此探究其中差异变量之间的因果关系。比如，如果要研究商业保护主义对于国家繁荣

---

① RAGIN C C. The Comparative Method：Moving beyond Qualitative and Quantitative Strategies[M]. University of California Press，1989：10.

② HOPKIN J. The Comparative Method[M]//LOWNDES V，MARSH D，STOKER，G. Theory and Methods in Political Science. Palgrave，2018：289.

③ 根据孙立平老师的阐述，"过程-事件分析"在一定程度上表现出对因果分析的超越。"过程-事件分析"强调事件之间那种复杂有时纯粹是偶然或随机的联系。这样的联系并不完全对应一种严格的因果关系。

④ LOWNDES V，MARSH D. Theory and Methods in Political Science[M]. Palgrave，2010：291 - 292.

的影响,则需要选择两个在多方面都非常相似的国家,但采取贸易自由政策的国家富裕,而采取贸易保护政策的国家贫穷。若此,则可以推论贸易保护可能是导致国家贫富分化的原因。但是,即使这类因果关系是客观存在的,要找到两个完全可以比较的案例也是非常困难的。

2. 一致比较法

与差异比较法相反,一致比较法考察的是两个几乎完全相同的案例,但是在研究者考察的变量及其关系上是不同的。这就为通过可观察变量来推论因果关系提供了条件。以上述示例案例为例,若两个国家差异很大,但是若采用贸易保护政策的都是贫穷国家,而采用贸易自由政策的都是富裕国家,则由此可以确证推论的真伪。

3. 共变推理比较法

通过考察两个或两个以上案例,在各种条件都等同或近似的情况下,若在研究者计划研究的变量及其关系上,存在同时出现并且同向变化的现象,则可以由此来推论其中的因果关系。

五、结语

"未有知而不行者。知而不行,只是未知。"若我们从王阳明对知与行的这个界定和理解来看,案例教学作为一种亲验学习和积极学习,其价值和重要性都尚未在国内新闻传播教育界得到真正的认识。

为了增进公共传播领域的案例教学,并积极推进教学案例的编撰和质量提升,笔者提出并阐述了公共传播案例的三个特征,即问题为基、全息故事和因果辨析。以此为框架,我们分析了公共传播案例的叙述策略和分析方法。简言之,提出"好问题",是实现公共传播案例教学目标的基础。准备"好故事",是利用公共传播教学案例实现教学目标的工具和载体。而发掘"好概念",是在公共传播案例教学中深化案例分析的必由之路。好问题、好故事和好概念,都是达成公共传播案例教学目标的工具,不可偏废。

附录

怀念廖为建教授

2013年4月28日凌晨一点半,国内公共传播学学科的奠基人、中山大学廖为建教授因病离世,享年60岁。下面我记述的是我和廖老师交往三年多时间的几个片段。

■ 见面

我第一次见到廖为建老师是在2009年12月21日。头一天我刚刚从北京来到广州,参加21日上午中山大学传播与设计学院安排在南校文科楼314会议室的面试。当天的面试考官有十余人,除了中山大学图书馆馆长、时任传播与设计学院院长程焕文教授,副院长廖为建教授我在互联网上见过照片之外,没有一人我认识。后来入校工作半年之后,我才渐次发现当时面试考官中还有时任中山大学副校长、历史学系的陈春声教授,中国语言文学系的黄天骥教授,人类学系的邓启耀教授等。

当时大雪节气已过,北京已是寒风刺骨,冰天雪地。但是,广州仍是满目绿色,从白云机场到市区道路两旁的行道树上还有我不能辨识的粉花。经受了几年来博士阶段的伶仃孤苦和碌碌贫寒,我在一天之内,从寒气惨厉的北京,来到明媚温润的广州,浑身感到冰皮始解、长柳舒青的盎然生意。

当天的面试中,科研的问题、教学的问题、生活的问题,一个接一个,紧锣密鼓,令我应接不暇。我虽然力图保持镇静和微笑,可是似乎每一个考官都要以最具挑战的问题一剑封喉。因为广州的温暖,更因为紧张,当时我有点汗流浃背。考官中坐在中间偏右的一位长者,我虽从未谋面,但凭着早先看过网上照片的经验,知道是廖为建老师。他语气温和,和颜悦色,令我在迴波激浪的追问中保持着一点平稳和镇静。这是难以忘怀的经历。

试讲和答问都结束了,我也带着一身冷汗出来了。就在我要离开时,负责张罗会议的黄玲凌老师走近跟我说,廖老师让我稍等他一下。我转身看见,廖老师去了洗手间,于是在原地等候。廖老师随后跟我说,表现得很好。我当时也毫无保留地说了我的顾虑:一个工作了多年的老讲师,还要面临师资博士后两年转正的不确定性,令我很犹豫是否应该选择来广州。廖老师说他很关心我的担忧,并说我不要为此有顾虑,而且会向学校申请帮我争取以讲师身份入职。

和廖老师素昧平生,毫无交集,却得其顾怜有加,令人非常感慨。我既体察到他唯才是举的公允,更领会到他对我们后来人在教学和科研上有所期待的压力。当天我写了很长的日记。其中一段原文记录,摘录如下:"最为感慨的是廖为建老师。这的确是一个温和包容、和善大度的长者。由此我也明白了廖老师为什么能够在国内公共关系学界拥有如此高的声望和地位。实在是壁立千仞,无欲则刚;海纳百川,有容乃大。廖老师的言谈,确乎是一位尊者和长者的风范,是最值得学习和效仿的。他并没有因为我申请中山大学,而没有联络作为副院长的他,而觉得我对他有任何不敬。而且他在和我的沟通中,我也能真切地体会到一位长者,设身处地为人着想的体贴和关怀。"

■ 关怀

2010 年 3 月,我入职传播与设计学院。春节之后直接从赣南老家来到广州。为了上班方便,选择住在了大学城格致园公寓。刚刚入住不到一周,遇上了后来才知道的所谓"回南天"。空气低沉潮湿,空气从手心划过,几乎都能挤出水来。格致园屋里是亮面瓷砖,在这回南天里,仿佛是有泉水汩汩而出。

我打开了所有的窗户,试图借助自然风的流通而风干屋里的潮气,我又在地上铺上废报纸。这些仍旧无济于事,床上的棉被反而像是在潮气渐浸中伺机饱餐。由于水土不服,我的脚还感染了真菌,凸起很多水泡,脚面严重浮肿,甚至连鞋子都穿不进去,只能趿着拖鞋踱步挪移,寸步难行。习惯了北方的干燥,而如今困守在这天花板滴水、地面瓷砖涌泉的"水帘洞"里,更糟糕的是,困守在一种莫名难解的低落情绪和落寞心境当中。

后来我见到廖老师,便禁不住向他诉苦。他乐呵呵一笑,说:"在回南天里,你不应该开窗,而是应该关窗!"而后又鼓励我面对暂时的困难,宜豁达通脱,泰然处之。

转眼一年过去,回南天和连绵阴雨的潮湿已经不再是难以适应的环境了。廖老师也留意着给我们年轻老师一些机会,更多地了解广州。2011年5月12日,一个清凉的雨天。广州市公安局搞了一个"开门评警"活动。廖老师应邀参加,并得知可以带一位助理随同,于是不厌其烦,带着我一起去了广州市公安局。

我想既然是"开门评警",那就意味着是敞开大门,多听普通市民的意见。但是我发现当天的"开门评警",公安局的大门主要是面向官员、教授等社会精英,完全是"精英评警"。我没有来得及和廖老师沟通我的想法,但我后来发现廖老师在发言中,有一个重要部分是用广州市社情民意中心基于市民调查的数据来做分析,并呼吁公安局也关注普通市民的感受。我当时不禁感慨,廖老师确乎是一介心系黎民的鸿儒彦士。

这是一个我印象很深的细节。在当天我的日记中,我还记得另外一个细节,摘录如下:"今天参加这个活动,让我再次见证廖为建老师的确是一个温和、智慧,也非常体贴的领导。昨天晚上他特意给我发了信息,提醒我去广州市公安局的路线以及怎么进公安局大门的方法。"

■ 愧意

中国大陆地区最早的公共关系学教材问世于中山大学康乐园。1986年12月,廖为建老师和他的同事王乐夫教授在辽宁人民出版社出版了《公共关系学》。三年之后,廖老师出版了《公共关系学简明教程》,后来这本正版销量据称超过百万册的教材影响了国内学界和公共关系学业界的整整一代人。

廖老师1981年从中山大学哲学系本科毕业,后又在哲学系读研深造,毕业后留在哲学系任教。根据与廖老师共事近30年的谭昆智老师回忆,80

年代初,廖老师开始研习西方的公共关系学理论。早在 1983 年,后来任教于公共传播学系的谭昆智老师就曾在中山大学第一教学楼听过廖老师关于公共关系学主题的讲座。1986 年,哲学系在夜大正式设置了公共关系专业。同年 12 月,王乐夫、廖为建老师所著的《公共关系学》问世。

此后,廖老师及其同事创造了中国大陆地区公共关系学教育的多个第一,比如:1994 年,国内第一个公共关系学本科专业在中山大学创立,并在同年开科取士,化育英才;2005 年,国内第一个公共关系学专业硕士项目启动。2003 年教育部启动了"国家精品课程"项目后,2006 年廖为建老师主持的"公共关系学原理"一课成为国内第一门公共关系学领域里的国家精品课程。

在这些历史光环之下,我入职一年后,廖老师跟张洁和我议及教材更新事宜,希望我们来编写新版的国家精品课程教材时,我很是兴奋,又倍感压力。我们当时初步草拟了教材的大纲,廖老师还就此提出了完善的建议。我记得当时我完全按照公共传播管理的思路,设计了"公共关系实务与案例"一课的课程大纲。我知道廖老师是国内公共关系学界将"传播管理"作为公共关系学核心概念的学人,心想他或许会认可我的思路,但还是感到忐忑不定。令我倍感鼓舞的是,廖老师看过我设计的课程大纲之后,觉得耳目一新,很有新意。

但是,最为遗憾的是,尔后不久廖老师的健康开始走下坡路,甚至每况愈下。没有了廖老师的主领和督促,编写新教材的计划也因此牛步迟缓,甚至被暂时搁置了。如今想来,很为自己的懒散而愧疚。当初若能循着廖老师所提议的方向,心无旁骛,矢志不移,则至少今天在教材编撰的事情上能有所进展,也可向廖老师做一点交代。

▪ 告慰

唯一能在内心里略感宽慰的,是 2011 年秋季我和张洁老师从廖老师手里分别接下了国家精品课程之"公共关系学原理"和"公共关系实务与案例"课程之后,未敢有丝毫懈怠,黄卷青灯,用心备课,很快成为受学生喜欢的课程。2012 年传播与设计学院对一些评教成绩位列前茅的课程给予了奖励,我给本科生和研究生开设的"公共关系实务与案例"与张洁老师给本科生和研究生开设的"公共关系学原理"课程均榜上有名,并因此获了学院的年度"优秀教学奖"。2013年春节前夕,1月5日,学院给获奖老师颁了大红证书,我喜不自胜,给廖老师发去短信报喜。廖老师后来回信说:"很高兴!祝贺你!之前我通过张宁老师了解过你和张洁的教学网评情况。希望你再接再厉,并重视教学研究类论文的发表,将公共关系精品课程水平提到新的高度。"

在2012年9月21日,第四届中国大学生公共关系策划大赛在华中科技大学举行。我和张洁老师带领中山大学的团队前往参赛。早先三届都是传播与设计学院谭昆智老师带队参加,前后三届大赛的六年时间里,中山大学的学生团队均获全国第一。而这次是我们两位青年老师带队出征,我们倍感压力。决赛前的头晚,我还夜半难眠,想着翌日如何再为学生做最后的赛前辅导和训练。

庆幸的是,我们灵气有才的学生非常争气,还有客观公允可以信赖的评委,让我们再次拿下了金奖,从而连续四届八年夺冠。自该项赛事创立以来,这在全国各参赛高校中是唯一一所学校能有此殊荣。结果出来之后,我迫不及待地给廖老师发去了报捷短信。不过,我并没有很快得到廖老师的回复。一天过去了,两天过去了,三天过去了,仍旧没有。一周之后,当夺金的兴奋已经若云烟渐散,廖老师回复我的短信了:"理峰,因病住院未及时回复你。这次获金奖不容易。我们学生确实靠实力,也充分体现了教学训练的效果,你们指导有方。这次成绩进一步提升和巩固了中大公关专业的品牌,当然,连续四届压力就更大了,可以作为案例给后面的学生作展示、训练,下届争取五连冠。我坚信你能做得比老一代老师更好!祝贺你,祝贺获胜的学生团队,感谢所有参与的老师和同学们!廖为建。"

其实,这条延后了一周才反馈的短信已经给了我一个消极的信号,廖老师的身体状况已经亮起黄灯信号了。我后来也短信联系过廖老师,希望能和同事一起探望,但都未能获得廖老师的准许而如愿。我自己非常清楚的是,廖老师在短信里仍旧以夸奖的方式来鼓励我们,并向我们提出了更高的目标。

2012年9月我有机会和中山大学公共关系学专业的首届学生邓绍伟晤谈,他非常详细地跟我回顾了将近二十年前他们第一届学生的在校情况。

尤其是在新专业创立之初,廖老师、谭昆智老师和陈大海老师几位同仁,宵衣旰食,劬劳有加,师生之间,如父如子。相形之下,我们现在因为科研发表和考核升级的压力,投入在学生身上的时间和精力都难及其项背。廖老师作为开拓者一代的榜样,是我们永远的范例。

哀辞两篇:怀念廖为建教授

（一）

[为]启山林沐风雨,[建]策运筹人所钦;

[千]般苦辛树桃李,[古]自犹见行骎骎。

（二）

[长]歌当哭噙悲泪,[存]记音容若梦临;

[我]侪矢志未竟业,[心]念公传日日新。

注:此处"公传",是指公共传播。1994年,在廖为建老师的主领下,中山大学政治与公共事务管理学院创建了公共传播学系。2009年,依照中山大学学科调整规划,公共传播学系转设在传播与设计学院。

参考文献

[1]陈嘉映.实践/操劳与理论[J].同济大学学报(社会科学版),2014(1):15-23.

[2]陈来.西方道德概念史的自我与社会[J].山东师范大学学报(人文社会科学版),2019(5):1-11.

[3]陈力丹.新闻理论十讲[M].上海:复旦大学出版社,2008.

[4]邓理峰,贾鹤鹏.利益方抗争作为一种宏观协商的潜力与局限:基于内陆核电争议中"望江四老"个案的考察[J].传播与社会学刊,2019(49):141-174.

[5]邓理峰.声音的竞争:解构企业公共关系影响新闻生产的机制[M].北京:中国传媒大学出版社,2014.

[6]高斯.当代自由主义理论:作为后启蒙方案的公共理性[M].南京:江苏人民出版社,2014.

[7]胡百精,杨奕.社会转型中的公共传播、媒体角色与多元共识:美国进步主义运动的经验与启示[J].中国行政管理,2019(2):128-134.

[8]胡百精.公共协商与偏好转换:作为国家和社会治理实验的公共传播[J].社会科学文摘,2020(6):112-114.

[9]胡百精.故事的要素、结构与讲故事的策略模式[J].对外传播,2017(1):38-41.

[10]胡敏中.论公共价值[J].北京师范大学学报(社会科学版),2008(1):99-104.

[11]胡正荣,王天瑞.系统协同:中国国际传播能力建设的基础逻辑[J].新闻大学,2022(5):1-16,117.

[12]李广乾,陶涛.电子商务平台生态化与平台治理政策[J].管理世界,2018(6):104-109.

[13]李良荣.新闻学概论[M].6版.上海:复旦大学出版社,2018.

[14]李乾坤,张亮.《德意志意识形态》费尔巴哈章导读[M].南京:江苏人民出版社,2019.

[15]廖圣清.首届中国传播学论坛文集[M].上海:复旦大学出版社,2002.

[16]廖为建.香港行政运作中的民主咨询系统[J].开放时代,1994(2):57-60.

[17]刘叔成.新编文艺学概论[M].北京:中央广播电视大学出版社,1996.

[18]刘亚猛.追求象征的力量:关于西方修辞思想的思考[M].北京:生活·读书·新知三联书店,2004.

[19]鲁鹏.实践在什么意义上可以成为本体[J].东岳论丛,2005(2):29-33.

[20]宁骚.公共管理类学科的案例研究、案例教学与案例写作[J].新视野,2006(1):34-36,61.

[21]阮传真.公权力与私权利的边界[N].学习时报,2012-11-12.

[22]唐山清.论公共利益与个人利益的辩证关系[J].社会科学家,2011(2):74-77.

[23]陶东风.新文科新在何处[J].科学教育文摘,2020(2):51.

[24]万俊人.公共理性与普世伦理[J].读书,1997(4):26-31.

[25]汪远旺.两种公共理性[D].杭州:浙江大学,2017.

[26]王南湜.马克思哲学在何种意义上是一种实践哲学[J].马克思主义与现实,2007(1):55-63.

[27]王南湜.实践观的变迁与哲学的实践转向[J].吉林大学社会科学学报,2002(6):43-48.

[28]王文.人类命运共同体理念十年演进及未来展望[J].中央社会主义学院学报,2023(2):150-160.

[29]王学典.何谓"新文科"?[N].中华读书报,2020-06-03.

[30]宣云凤.私德和公德各守其位:解决道德危机的新思路[J].江苏社会科学,2003(6):29-31.

[31]叶必丰.论公共利益与个人利益的辩证关系[J].上海社会科学院学术季刊,1997(1):116-122.

[32]于建东.当代中国公权与私权和谐关系的建构[J].武陵学刊,2013(2):
102-107.

[33]于建东.公私和谐的传统路径与现代建构[M].北京:科学出版
社,2020.

[34]俞吾金.如何理解马克思的实践概念:兼答杨学功先生[J].哲学研究,
2002(11):16-21.

[35]张国良.徜徉在时代与学科的光影之间:我和复旦传播学的若干回忆
[J].新闻大学,2019(10):81-87,127.

[36]张江.用科学精神引领新文科建设[J].上海交通大学学报(哲学社会科
学版),2020(1):7-10.

[37]张冉,尹魏,高戈.从社会公器的谬误审视新闻自由[J].采写编,2004
(6):10-12.

[38]张志安.从新闻传播到公共传播:关于新闻传播教育范式转型的思考
[J].暨南学报(哲学社会科学版),2016(3):77-84,131.

[39]赵月枝,邓理峰.中国的"美国中心论"与中国新闻业和新闻传播学术的
发展:与加拿大西蒙-弗雷泽大学传播学院赵月枝教授的对话[J].新闻
大学,2009(1):39-44.

[40]郑永年.再塑意识形态[M].北京:东方出版社,2016.

[41]郑召利.哈贝马斯的交往行为理论:兼论与马克思学说的相互关联
[M].上海:复旦大学出版社,2002.

[42]ALEXANDER J. The Civil Sphere[M]. Oxford University Press,2008.

[43]ALTHUSSER L,BALIBAR E,ESTABLET R,et al. Reading Capital:
The Complete Edition[M]. London and New York:Verso,2015.

[44]BABE R E. Communication and the Transformation of Economics
[M]. Westview Press,1995.

[45]BAKER E. Media,Market and Democracy[M]. Cambridge University
Press,2002.

[46]BAUM B,NICHOLS R. Isaiah Berlin and the Politics of Freedom:
"Two Concepts of Liberty" 50 Years Later[M]. New York and

London：Routledge，2013.

[47]BAYLIS J，WIRTZ J J，GRAY C S. Strategy in the Contemporary World：An Introduction to Strategic Studies[M]. Oxford University Press，2019.

[48]BELMAN L S. John Dewey's concept of communication[J]. Journal of Communication，1977，7(1)：29－37.

[49]BENNETT A，CHECKEL J. Process Tracing：From Metaphor to Analytic Tool[M]. Cambridge University Press，2015.

[50]BLUMER H. Symbolic Interaction：Perspective and Method[M]. New Jersey：Prentice Hall，Inc，1969.

[51]BOJE D M. Narrative Methods for Organizational and Communication Research[M]. Thousand Oaks：Sage Publications，2001.

[52]BOTSMAN R. Who Can You Trust? How Technology Brought Us Together and Why It Might Drive Us Apart[M]. Penguin Publishing House，2017.

[53]BOZEMAN B，MOULTON S. Integrative publicness：A framework for public management strategy and performance[J]. Journal of Public Administration Research and Theory，2011(21)：363－380.

[54]BOZEMAN B. Public Values and Public Interest Counter Balancing Economic Individualism[M]. Washington D. C. ：Georgetown University Press，2007.

[55]BOZEMAN B. All Organizations Are Public：Bridging Public and Private Organizational Theories [M]. San Francisco and London：Jossey-Bass Publishers，1987.

[56]BRAIN M. The Sociology of Journalism[M]. New York：Arnold，1998.

[57]BRITTAN G G，WRIGHT G H V. Explanation and understanding[J]. The Journal of Philosophy，1973，70(20)：3.

[58]BRUNING S D，LEDINGHAM J A. Public Relations as Relationship Management：A Relational Approach to the Study and Practice of Public

Relations[M]. Mahwah,NJ:Lawrence Erlbaum Associates,2000.

[59]BRUNNERMEIER M K. The Resilient Society[M]. Colorado,CO: Endeavor Literary Press,2021.

[60]BURKE P J, STETS J E. Identity Theory[M]. London: Oxford University Press,2009.

[61]CARCASSON M,BLACK L W,SINK F S. Communication studies and deliberative democracy:Current contributions and future possibilities [J]. Journal of Public Deliberation,2010(1):8.

[62]CAREY J W. Communication as Culture:Essays on Media and Society [M]. London:Routledge,1989.

[63]CARROLL A. The pyramid of corporate social responsibility:Toward the moral management of organizational stakeholders[J]. Business Horizons,1991,34(4):39-48.

[64]CASEY M J,VIGNA P. The Truth Machine:The Blockchain and the Future of Everything[M]. New York:St Martin's Press,2018.

[65]CASTELLS M. Communication Power[M]. Oxford University Press,2009.

[66]CHANDLER D. Semiotics:The Basics[M]. London and New York: Routledge,2017.

[67]CLIFFORD G. The Interpretation of Cultures:Selected Essays[M]. New York:Basic Books,1973.

[68]COULDRY N,HEPP A. The Mediated Construction of Reality[M]. Polity Press,2017.

[69]COULDRY N. The Place of Media Power:Pilgrims and Witnesses of the Media Age[M]. London:Routledge,2000.

[70]CRAIG R T. Communication theory as a field[J]. Communication Theory,1999,9(2):119-161.

[71]DANESI M. Messages, Signs, and Meanings:A Basic Textbook in Semiotics and Communication Theory[M]. 3rd Edition. Toronto: Canadian Scholar's Press,2004.

[72]MCQUAIL D. Mass Communication Theory: An Introduction[M]. London and Beverly Hills,California:Sage Publications,1994.

[73]DEWEY J. Experience and Nature[M]. Chicago:Open Court,1925.

[74]DIXON J, DOGAN R, SANDERSON A. The Situational Logics of Social Actions[M]. New York:Nova Science Publishers,2009.

[75]DOUGLAS H E. Science, Policy, and the Value-Free Ideal[M]. Pittsburgh,PA:University of Pittsburgh Press,2009.

[76]ERNEST E B. Symbolic Action Theory and Cultural Psychology[M]. New York:Springer-Verlag,1991.

[77]EAGLETON T. Ideology:An Introduction[M]. Verso,1991.

[78]EJINAVARZALA H. Epistemology-ontology relations in social research:A review[J]. Sociological Bulletin,2019(1):94 – 104.

[79]KATZ E, FIALKOFF Y. Six concepts in search of retirement[J]. Annals of the International Communication Association,2017,41(1): 86 – 91.

[80]ELLET W. The Case Study Handbook:How to Read,Discuss,and Write Persuasively About Cases[M]. Boston,Massachusetts:Harvard Business School Press,2007.

[81]ELSTER J. Deliberative Democracy[M]. Cambridge University Press,1998.

[82]FAIRCLOUGH N. Discourse and Social Change[M]. Cambridge: Polity Press,1992.

[83]FAIRHURST G,PUTNAM L. Organizations as discursive constructions: Unpacking the metaphor Communication Theory,2003,14(1):5 – 26.

[84]FLICK U. Triangulation revisited:Strategy of validation or alternative? [J]. Journal for the Theory of Social Behavior,1922,22(2):175 – 197.

[85]FLICK U. The Sage Handbook of Qualitative Research[M]. London: Sage,2018.

[86]FLYVBJERG B. Making Social Science Matter:Why Social Inquiry Fails and How It Can Succeed Again[M]. Cambridge University

Press,2001.

[87] FOUCAULT M. Power/Knowledge: Selected Interviews and Other Writings,1972—1977[M]. The Harvester Press,1980.

[88] FUKUYAMA K. Trust: The Social Virtues and the Creation of Prosperity[M]. New York:Free Press,1995.

[89]GAMBLE A,MARSH D,TANT T. Marxism and Social Science[M]. Urbana and Chicago:University of Illinois Press,1999.

[90]GAUS G F. The Order of Public Reason:A Theory of Freedom and Morality in a Diverse and Bounded World[M]. Cambridge University Press,2011.

[91]GEORGE A,BENNETT A. Case Studies and Theory Development in the Social Sciences[M]. The MIT Press,2005.

[92]GEUSS R. The Idea of a Critical Theory:Habermas and the Frankfurt School[M]. Cambridge University Press,1981.

[93] GIDDENS A. Capitalism and Modern Social Theory[M]. London: Cambridge University Press,1971.

[94]GILDER G. Life after Google:The Fall of Big Data and the Rise of the Blockchain Economy[M]. Gateway Editions,2018.

[95] GLASER B G,STAUSS A L. The Discovery of Grounded Theory: Strategies for Qualitative Research[M]. London:Aldine Transaction,2006.

[96]GORTON W A. Karl Popper and the Social Sciences[M]. Albany: State University of New York Press,2016.

[97]GRAEBER D. Toward an Anthropological Theory of Value[M]. New York:Palgrave,2001.

[98]HABERMAS J. Theory of Communicative Action[M]. Boston:Bacon Press,1984.

[99]HALLIWELL S. Aristotle's Poetics[M]. London:Duchworth,1998.

[100]HATCH M J,CUNLIFFE A L. Organization Theory:Modern,Symbolic, and Postmodern Perspectives[M]. Oxford University Press,2006.

[101]HEATH J. Rational choice as critical theory[J]. Philosophy & Social Criticism,1996,22(5):43－62.

[102]HECTER M,HORNE C. Theories of Social Order:A Reader[M]. 2nd Edition. Stanford University Press,2003.

[103]HEILBRON J. Rise of Social Theory[M]. Minneapolis:University of Minnesota Press,1995.

[104]HIEBERT R E. Courtier to the Crowd:the Story of Ivy L. Lee and the Development of Public Relations [M]. Ames: Iowa State University Press,1986.

[105]HOBSBAWN E. The Age of Revolution:1789—1848[M]. New York:Vintage,1996.

[106]HORWITZ M J. The history of the public/private distinction[J]. University of Pennsylvania Law Review,1982,130(6):1423－1428.

[107]LEDINGHAM J A,BRUNING S D. Public Relations as Relationship Management:A Relational Approach to the Study and Practice of Public Relations[M]. Mahwah,NJ:Lawrence Erlbaum Associates,2000.

[108]JOHNSON J. Habermas on strategic and communicative action[J]. Political Theory,1991(2):181－201.

[109]KASPERSEN L B. Anthony Giddens:An Introduction to a Social Theorist[M]. Oxford:Blackwell,2000.

[110]KELSHAW T. Understanding "abnormal" public discourses:Some overlapping and distinguishing features of dialogue and deliberation [J]. International Journal of Public Participation,2007,1(2):69－90.

[111]KING M L. A Short History of the Renaissance in Europe[M]. University of Toronto Press,2018.

[112]KITCHING G. Karl Marx and the Philosophy of Praxis[M]. London and New York:Routledge,1988.

[113]KLINKE A,RENN O. Risk Governance:Contemporary and Future Challenges[M]. Springer,2010.

[114]LAW S. Humanism:A Very Short Introduction[M]. Oxford University Press,2011.

[115]LIH L T. Lenin Rediscovered:What Is to Be Done in Context? [M]. Chicago:Hay Market Books,2008.

[116]LIJPHART A. Comparative politics and the comparative method[J]. The American Political Science Review,1971,65(3):682 - 693.

[117] LIPPMANN W. The Phantom Public[M]. New Brunswick and London:Transaction Publishers,1993.

[118] LOWNDES V, MARSH D, STOKER G. Theory and Methods in Political Science[M]. Palgrave,2018.

[119]LUHMANN N. Introduction to Systems Theory[M]. Polity Press,2003.

[120] MARSDEN G M. The Soul of the American University:From Protestant Establishment to Established Nonbelief[M]. New York: Oxford University Press,1994.

[121] MCKEE A. The Public Sphere:An Introduction[M]. Cambridge University Press,2005.

[122] MeCARNEY J. The Real World of Ideology[M]. New Jersey: Humanities Press,1981.

[123]MEYROWITZ J. No Sense of Place:The Impact of Electronic Media on Social Behavior[M]. Oxford University Press,1985.

[124] MILLAR K. The informal economy:Condition and critique of advanced capitalism[J]. Business & Society,2007,42(3):297 - 327.

[125]MILLGRAM E. Varieties of Practical Reasoning[M]. Cambridge: The MIT Press,2003.

[126]MISZTAL B A. Normality and trust in Goffman's theory of interaction order[J]. Sociological Theory,2001,19(3):312 - 324.

[127] MUMBY D K, KUHN T R. Organizational Communication:A Critical Introduction[M]. London:Sage,2019.

[128] NAGEL J. Knowledge:A Very Short Introduction [M]. Oxford

University Press,2014.

[129]COULDRY N,HEPP A. The Mediated Construction of Reality[M]. Cambridge:Polity Press,2017.

[130]NIELSEN K. The concept of ideology: Some Marxist and Non-Marxist conceptualizations[J]. Rethinking Marxism: A Journal of Economics,Culture &. Society,1989,2(4):146 - 173.

[131]LUHMANN N. Introduction to Systems Theory[M]. Polity Press,2002.

[132]NISBETT R E,ROSS L. The Person and the Situation: Perspectives of Social Psychology[M]. London:Pinter and Martin,2011.

[133]OKASHA S. Philosophy of Science:A Very Short Introduction[M]. 2nd Edition. Oxford University Press,2016.

[134]PARK R E. News a form of knowledge: A chapter in the sociology of knowledge[J]. The American Journal of Sociology,1940(5):669 - 686.

[135]PETERS R G,COVELLO V T,MCCALLUM D B. The Determinants of trust and credibility in environmental risk communication: An empirical study[J]. Dordrecht,1997(1):43 - 54.

[136]PORTER T M,ROSS D. The Cambridge History of Science,Volume 7: The Modern Social Sciences[M]. Cambridge University Press,2003.

[137]POWERS J H. On the intellectual structure of the human communication discipline[J]. Communication Education,1995,44(3):191 - 222.

[138]RAGIN C C. The Comparative Method: Moving beyond Qualitative and Quantitative Strategies[M]. University of California Press,1989.

[139]RANTANEN T. The Media and Globalization[M]. London:Sage,2005.

[140]REUBEN J A. The Making of the Modern University: Intellectual Transformation and the Marginalization of Morality[M]. University of Chicago Press,1996.

[141]RICHTER M M,WEBER R O. Case-based Reasoning: A Textbook [M]. Springer,2013.

[142]SALTER L. The communicative structures of journalism and public

relations[J]. Journalism,2005,6(1):90 - 106.

[143] SAVIN-BADEN M, MAJOR C H. Foundation of Problem-Based Learning[M]. Open University Press,2004.

[144] SCHATZKI T R. Social Practices: A Wittgensteinian Approach to Human Activity and the Social [M]. Cambridge University Press,1996.

[145] SCHATZKI T R. The Site of the Social: A Philosophical Account of the Constitution of Social Life and Change[M]. The Pennsylvania State University Press,2002.

[146] SELZNICK P. A Humanist Science: Values and Ideals in Social Inquiry[M]. Stanford University Press,2008.

[147] SERVANT-MIKLOS V F C. The Harvard connection: How the case method spawned problem-based learning at McMaster University[J]. Health Professions Education,2019(5):163 - 171.

[148] SIMPSON C. Science of Coercion: Communication Research and Psychological Warfare, 1645—1960 [M]. New York: Oxford University Press,1994.

[149] SZTOMPKA P. Trust, distrust and the paradox of democracy[J]. Discussion Papers,Presidential Department,1998,1(1):19 - 32.

[150] TAYLOR J R,ELIZABETH J. The Emergent Organization:Communication as Its Site and Surface[M]. New York:Psychology Press,2000.

[151] THOMPSON J B. Ideology and Modern Culture:Critical Social Theory in the Era of Mass Communication[M]. Stanford University Press,1991.

[152] THOMPSON J B. The new visibility[J]. Theory,Culture & Society, 2005,2(6):31 - 51.

[153] VAN DIJK T A. Society and Discourse: How Social Contexts Influence Text and Talk[M]. New York:Cambridge University Press,2008.

[154] VERDERBER K S,MACGEORGE E L,VERDERBER R F. Interact: Interpersonal Communication Concepts, Skills, and Contexts [M].

14th Edition. Oxford University Press,2016.

[155] WILLARD C. Liberalism and the Problem on Knowledge: A New Rhetoric for Modern Democracy [M]. University of Chicago Press,1996.

[156] WILLIAMS R. Marxism and Literature [M]. Oxford University Press,1977.

[157] WRIGHT G H. Explanation and Understanding[M]. London: Routledge and Kegan Paul,1971.

[158] YIN R. Case Study Research: Design and Methods [M]. London: Sage,2008.

[159] ZUCKER L G. Production of trust: Institutional sources of economic structure,1840—1920[J]. Research in Organizational Behavior,1986, 8(2):53－111.